CATHOLIC GERMAN BIBLES

OF THE

REFORMATION ERA

THE VERSIONS OF EMSER, DIETENBERGER, ECK, AND OTHERS

With Facsimiles of More Than 100 Pages
from Editions of the 1520s and 1530s

By

Kenneth A. Strand

ANN ARBOR PUBLISHERS

1982

ISBN   089039- 300-1

Ann Arbor Publishers, Inc.   P. O. Box 7249   Naples, Florida 33940

CONTENTS

iii

PREFACE

In contrast to rather extensive treatment of Luther's German Bible and even the fair amount of attention given to pre-Lutheran editions of the German Bible, there has been a marked scarcity of material dealing with Catholic German Bibles of the Reformation era. Particularly is this true with respect to discussions in English, wherein my own two monographs of some twenty years ago on the Emser and Rostock versions stand virtually alone: *Reformation Bibles in the Crossfire* (Ann Arbor, Mich., 1961) and *A Reformation Paradox* (Ann Arbor, Mich., 1960), respectively.

The present publication broadens considerably the scope of those earlier books, treating several further Emser editions and giving attention to the work also of several other translators: Jacob Beringer, Johannes Dietenberger, and Johann Eck. Moreover, the increased number and variety of facsimile reproductions in the present volume illustrate much more comprehensively what the Bible editions were like. Thus the present publication seeks to fill, in its own modest way, lacunae which have existed regarding the history and description of the earliest Catholic German Bible translations of the Reformation era. Especially does it highlight some fourteen editions which appeared in the decade from 1527 to 1537, though reference is made, as well, to subsequent sixteenth-century editions. (For further details concerning the contents of this volume, see cols. 3-4 and 49 in Parts A and B, below.)

For use of materials reproduced in facsimile in Part B, I express gratitude to the American Bible Society, the British Museum, the Catholic University of America, the Harvard University Houghton Library, the Henry E. Huntington Library, the Newberry Library, the Rare Book Division of The New York Public Library, the University of Chicago Regenstein Library Special Collections, the University of Pittsburgh Hillman Library Special Collections, and the Yale University Beinecke Library. (Specific credits are indicated in col. 50, below, as well as in connection with the facsimiles themselves.) To these and to other libraries and special collections whose research facilities I have had the privilege of utilizing, I am indeed most grateful.

Also, I wish to express my appreciation to my secretary, Mrs. Jeanne Jarnes, for the tedious task of typing drafts of the manuscript, and to Mrs. Susan Schwab of the Andrews University Press for the typesetting and layout of the text. The travel necessary in conjunction with the preparation of this volume has been provided in part by a grant from Andrews University in Berrien Springs, Michigan; and to the University and to its Director of Scholarly Research and Publications, Dr. Robert Firth, I herewith express my deep gratitude.

Berrien Springs, Michigan   Kenneth A. Strand
January, 1982

PART A

THE TRANSLATORS AND THEIR EDITIONS

Chapter 1

INTRODUCTION: THE CATHOLIC GERMAN BIBLE BEFORE AND CONTEMPORARY WITH LUTHER

It has been a common assumption that Martin Luther's "September Testament" of 1522 (also known as the "September Bible") was the first German translation of the Christian Scriptures. In a certain sense, this translation of the New Testament and Luther's completed Bible translation of 1534 did unlock the Bible for the German people. Luther's various remarks to the effect that prior to his work the Bible was unknown can only be understood, however, in the context of Luther's being the first translator to put the text quite thoroughly into the German of the common people, his making the Scriptures available at such relatively low cost that the masses were able to have access to them in a way hitherto unknown in the German lands, and similar considerations.[1]

Although the purpose of the present volume is to treat Reformation-era Catholic German Bibles (with special emphasis on editions which appeared during the decade or two following the publication of Luther's "September Bible"), it is appropriate first to take at least a brief overview of the background furnished by pre-Lutheran German Bibles.

PRE-LUTHERAN GERMAN BIBLES

Before the publication of Luther's September Testament, fourteen printed editions of the complete Bible in High German and four in Low German had appeared between the years 1466 and 1522. (In addition there were manuscript copies and editions of portions of Scripture, such as the Psalms, etc.). The story of these eighteen pre-Lutheran editions of the German Bible is beyond the scope of presentation here, and the interested reader may find information on the pertinent points relating to them (description, history of the text, history of the artistry), plus sample facsimile reproductions of pages from all the editions, in my two earlier short reference volumes *German Bibles Before Luther: The Story of 14 High-German Editions* (Grand Rapids, Mich., 1966) and *Early Low-German Bibles: The Story of Four Pre-*

Lutheran Editions (Grand Rapids, Mich., 1967). For convenience, however, the publication facts concerning these editions are listed here:

HIGH-GERMAN BIBLES

1. [Strassburg: Johann Mentel, ca. 1466]
2. [Strassburg: Heinrich Eggestein, ca. 1470]
3. [Augsburg: Jodocus Pflanzmann, ca. 1475]
4. Augsburg: [Günther Zainer, ca. 1475 or 1476]
5. [Nuremberg: Johann Sensenschmidt & Andreas Frisner, ca. 1476]
6. (or 7?) Augsburg: [Günther Zainer], 1477
7. (or 6?) Augsburg: Anton Sorg, June 20, 1477
8. Augsburg: Anton Sorg, January 3, 1480
9. Nuremberg: Anton Koberger, February 17, 1483
10. Strassburg: [Johann Reinhard de Grüningen], May 2, 1485
11. Augsburg: Johann Schönsperger, May 25, 1487
12. Augsburg: Johann Schönsperger, November 9, 1490
13. Augsburg: Hans Otmar, February 12, 1507
14. Augsburg: Silvan Otmar, January 27, 1518

LOW-GERMAN BIBLES

1. Cologne: [B. von Unkel(?)]—Low Saxon
2. Cologne: [B. von Unkel(?)]—West Low German
3. Lübeck: Steffen Arndes, November 19, 1494
4. Halberstadt: [Lorenz Stuchs(?)], July 8, 1522

Suffice it to say, that the appearance of eighteen editions of the complete Bible in German prior to the time of Luther constitutes a matter of no small significance. And yet, we must recognize that these Bibles were often in a somewhat archaic, stilted, and rigid language—at times perhaps even too doggedly literal in their rendition from the Latin Vulgate to read well as German. Moreover, the limited editions were expensive. Most of the Bibles were large and costly folio volumes, their circulation being thereby restricted.

REFORMATION-ERA CATHOLIC
GERMAN BIBLES

Luther's own version changed the situation remarkably in Germany, for it found immediate and widespread reception—a story generally well known, having received attention in numerous works. But this amazing sudden popularity of Luther's translation also had important implications for Catholicism in the German lands, and led to a new era of activity in Catholic Bible translation and publication. The story of this Catholic activity is not so well known, and the following chapters will endeavor to highlight some of its major features.

The earliest prominent Reformation-era Catholic German Bible translation was the New Testament produced by Jerome Emser. Its first edition appeared in or about August, 1527, shortly before Emser's death that same year. Within the next two years no fewer than six further editions had appeared, and others followed thereafter. At least two of these early editions had revisions made by Johannes Dietenberger. In 1534 Dietenberger saw through the press his own complete German Bible, utilizing Emser's version for the New Testament (as revised by Dietenberger). The Dietenberger Bible gained widespread popularity, no fewer than twenty-three editions appearing by the end of the sixteenth century (and some sixty editions before the end of the seventeenth century).

Emser and Dietenberger will receive most of our attention in the present volume, but a few other Catholic translators whose work was done during the first decade of this period of Reformation-era Catholic German Bible translation will also be noted. Foremost among these is John Eck (Johann Maier von Eck), famous for his Leipzig debate against Luther in 1519, and for his role at the Diet of Augsburg in 1530. His first edition of the German Bible appeared in 1537, with several further editions published before the end of the century.

Also noteworthy is a 1532 Low-German New Testament translation by the Brethren of the Common Life in Rostock, based on Emser's High-German version. Its contents were cut short at the end of the Book of Acts because of political interference. Its intriguing story deserves our attention—especially so, in view of the fact that it is the only early Catholic translation into Low German that we have noted.

One final Catholic Bible translation that will receive at least passing notice is that of Jacob Beringer. His New Testament, which appeared in 1527, only shortly later than Emser's first edition, never achieved prominence, however. In a sense, it was not a regular type of New Testament, for the Gospels as given in it are in the form of a "Gospel Harmony."

In the following four chapters, there will first be a brief treatment of the careers of the translators (Chapter 2); and then an overview will be given of the translating activity, together with a description of the various editions from 1527 to 1537 (Chapters 3 through 5). A major second part of this publication (Part B) will be devoted to providing facsimile reproductions from those early editions.

NOTE: In the following chapters, transcriptions from medieval or Reformation-era texts follow the originals, except that the modern umlaut indicator replaces other markings that designate umlaut.

In presenting the numbering of leaves in the various editions, I have used an "*r*" and a "*v*" immediately after the numbers to indicate "recto" and "verso," respectively, in instances where this distinction should be made. (As a rule, in the editions treated herein, only rectos are numbered, and the numbering pertains to *leaves*, not to individual pages. An exception to this sort of numbering will be noted in Chapter 3—in the case of two editions which, toward the end of each work, switch from numbering each leaf to numbering each page.)

I have endeavored to furnish information regarding the general physical makeup of the various editions, as well as describing content. Two sorts of basic statistics are involved in this: the number of leaves, and the size of the printed page. In almost all instances I have worked with multiple copies, and have also endeavored to check my findings wherever possible against descriptions in catalogs. In spite of these precautions—or perhaps because of them—, I caution the reader to accept my figures (especially with regard to page size) as being only *close approximations*. For one thing, the print on various pages in any given Bible may vary in width or depth (I have sought to give the width and depth for what is hopefully a *typical* page); and also, *slight* variations may occur in the case of reprinted leaves or may even be caused by differences in "shrinkage" of paper over the centuries. As for the counting of leaves, especially the unnumbered preliminary and concluding ones, the possibility exists of there having been excision of unwanted blank leaves during the binding process, though some variations among copies of the same Bible edition may occur for other reasons too. The reader may be assured that the figures I have given for page size and for number of leaves are *typical*, based on perusal of copies actually in existence.

Chapter 2

THE CAREERS OF THE TRANSLATORS

JEROME EMSER

Jerome Emser (Hieronymus Emser), was born on either March 16 or 26 in the year 1477, or perhaps in 1478.[1] He was the son of Wilhelm Emser, a Swabian nobleman serving as commander of soldiers for the imperial city of Ulm. His mother was the former Margarethe Renz of that city.

The young Emser began his university work in 1493 at the University of Tübingen, where John Reuchlin's brother Dionysius taught Greek and where also the humanist Heinrich Bebel arrived in 1496. Before closing his studies for the baccalaureate, Jerome moved to Basel, where he earned both his baccalaureate and a Master's degree by 1499.

In the years 1502 and 1503 the young Emser had the fortune of serving as private secretary and chaplain for Cardinal Raymond Perault, who had been appointed in October 1500 as papal legate to Germany, Denmark, Sweden, and Prussia to promote the Jubilee Indulgence for the war against the Turks. Emser's recollection, some two decades later, of his travels with Perault were that "with Cardinal Raymundo" he had "traveled extensively through the German lands, visiting five archbishoprics and twenty bishoprics, giving diligent attention to the ancient foundations and other monuments."[2]

Subsequent to his service with the Cardinal, Emser lectured at the University of Erfurt during the summer semester of 1504. This was, of course, during Martin Luther's period of study toward the Master's degree at that university, and it is interesting to notice that Emser later claimed to have had Luther among his students while teaching John Reuchlin's comedy *Sergius*.[3]

After his stay at Erfurt, Emser decided to study theology at the University of Leipzig, and at that university received his Bachelor's degree in the theological faculty on January 5, 1505. His steps soon turned, however, in another direction as he began service for Duke George of Albertine Saxony, first as court secretary and later (1512) as adviser and special commissioner for that ruler.

One of Duke George's overriding concerns was to secure canonization for Bishop Benno of Meissen, an ecclesiastic of some historical fame within the Duke's domains. Failure of the Duke's earlier attempts to obtain the canonization of Benno gave Emser opportunity for travel once again. He was first sent to Rome, probably in the winter of 1506-1507, evidently for the purpose of doing whatever he could to hasten the matter of Benno's canonization. This mission was not successful, however, and now still further travel was in store for him in pursuing the same cause. Inasmuch as material on the life of Benno seemed insufficient (in spite of a biography produced by John Trittheim in 1506), Emser, together with Deacon John Hennig of Meissen, was sent out to locate needed information. At Hildesheim he had the fortune (or misfortune!) of meeting a certain Benedictine monk, Henning Rose, who furnished marvelous, but unreliable, data which went gullibly into what appears to have been the first detailed life of Benno ever written: Emser's biography, entitled *The Life and Miracles of Blessed Benno, Formerly Bishop of Meissen*. This work was published in 1512 by Melchior Lotther in Leipzig. But even this book did not bring about the much-desired canonization for the Bishop, an event that was not to occur until more than a decade later, on May 31, 1523.

During his years of service in the Saxon court, Emser continued his literary interests. For example, in 1515 he issued an edition of Erasmus's *Manual of a Christian Knight*, and later made translations from Plutarch (1519) and Xenophon (1525); and in the theological field, he produced a number of polemical writings directed against Martin Luther, Huldreich Zwingli, and others. Regarding his polemical encounter with Luther, a further word will be said shortly.

Emser's first important contact with Martin Luther, subsequent to that at the University of Erfurt in 1504, seems to have been on the occasion of a social gathering in Emser's own home in Dresden on July 25, 1518. Luther was among the various guests whom Emser had invited. During the evening, the conversation drifted to some disputed theological points, including the Indulgence Controversy, in which Luther had become a central figure since the production of his "Ninety-five Theses" the year before. The Wittenberg professor felt embarrassed, especially when he discovered that a Dominican preacher had stood outside listening; and accordingly, he was prone to look back upon this social gathering as having been purposely planned by Emser to hurt him. It is not at all clear, however, that this was Emser's intention.

The real dispute between Luther and Emser appears to have been ignited by the Leipzig Debate between Luther and John Eck during the summer of 1519. Luther's statement during that debate to the effect that John Huss's beliefs were not all heretical created a cleavage that brought Emser out on the opposite side from the Wittenberg Reformer. A barrage of polemical open letters between the two appeared during the years 1519 through 1521, with some brief temporary relief thereafter. In this correspondence it became customary for Luther to address Emser as "the Goat of Leipzig" (a play on the symbolism on Emser's coat of arms, which depicted a goat or ibex) and for Emser to designate Luther as "the Bull of Wittenberg."

Two significant developments of 1523 renewed the polemics: (1) the canonization of Benno, mentioned above; and (2) Emser's critique of Luther's recently published German New Testament. As for the former, plans were made for a great celebration to be held in Meissen on June 16, 1524, to honor Benno's canonization, and a highlight of this celebration was to be the unearthing of Benno's bones. News of this upcoming event opened once again the polemical interchange, as Luther, in April 1524, produced an attack entitled *Against the New Idol and Old Devil, Who Will Be Raised in Meissen*. Though Luther did not mention Emser directly in this publication, he did ridicule the "stout, strong lies" depicting Benno's supposed miracles. Emser issued a response, entitled *Answer to the Blasphemous Book Against Bishop Benno of Meissen*, in which he accused Luther of bringing together materials from old heretics, the Reformer's own part being only the infamies and slanders. Emser even went so far as to declare that it was not Benno, but Luther himself, who was the "new idol and old devil."

For our purposes here, the most significant event in the career of Emser during the year 1523 was his production of a critique of Luther's German New Testament. The first edition of that New Testament had appeared in September, 1522, from the press of Melchior Lotther in Wittenberg, as we have already noted in Chapter 1, above. As Luther's "September Bible" quickly penetrated into Albertine Saxony and found ready reception among Duke George's subjects, the Duke became alarmed and issued an order that by Christmas of that very year 1522 the copies of Luther's New Testament sold in his domains should be reclaimed. The success of this measure is, of course, dubious. More importantly, Jerome Emser was commissioned by Duke George to prepare a critique of the Wittenberg Reformer's version, and for this purpose was issued a confiscated copy of the work.

By September 21, 1523, Emser's critique was ready, coming from the press of Wolfgang Stöckel in Leipzig. It bore the following title: *Auss was gründ vnd vrsach Luthers dolmatschüng / vber das nawe testament / dem gemeinẽ man billich vorbotten worden sey* (hereinafter referred to as *Auss was gründ*). The following year a revised edition went to press at Dresden under the title *Annotationes Hieronymi Emser vber Luthers naw Testamẽt gebessert vnd emẽdirt* (hereinafter called *Annotationes*).

The Foreword to the *Auss was gründ* is fairly lengthy, occupying some thirty pages of text. Emser first rebukes the murmuring and complaint on the part of some who praise themselves as evangelicals—murmuring and complaint over the fact that Luther's translation had been forbidden to the common man to read or possess. Then he proceeds, after some further preliminary remarks, to outline three main reasons why the Lutheran translation should reasonably be forbidden: (1) In a translation into German or another language, the New Testament should be kept pure and unfalsified—not the case with this German translation by one individual, especially an openly declared heretic. (2) Not only is it necessary that canonical writings remain unfalsified, but also there should be uniformity, so that immigrants will not "hear, read, sing, or preach the word of Christ differently from the way they have learned it in their church at home." (3) In preparing translations, there is need for trustworthiness even to "jots and tittles"—consideration must be given "to each individual word, letter, tittle or dot"—, a matter which Emser feels that Luther has despised. Moreover, says Emser, Luther has "poisoned" the text with "heretical glosses and introductions."

Such is Emser's overall evaluation of Luther's New Testament. In the *Auss was gründ* his attention is next turned to the foreword of Luther's New Testament and to Luther's list of the Bible books. Finally, after a rather long ten-point critique on these matters, he takes up the Lutheran text itself.[4]

As devastating as this Emserian critique of the Lutheran New Testament may have been to some minds, it did not halt the spread of Luther's Bible translation. Edition after edition of the Lutheran version appeared, all selling out very rapidly as eager people grasped the opportunity to obtain the Scriptures in their own tongue. What was to be done? The next step from Duke George's standpoint was the production of a Catholic counter-version, and for this purpose the Duke commissioned Emser with the task of preparing such a "corrected" New Testament. It appeared from the press of Wolfgang Stöckel in Dresden in 1527, probably during the month of August (more regarding the date will be said in Chapter 3, below).

The production of this German New Testament was, from the standpoint of both the contemporary religious scene and the perspective of subsequent history, the highest point in Emser's career. It was also his last significant achievement, for his death occurred on November 8, 1527, within about two or three months after the first edition had come from the press. A number of further editions were, however, to appear during the next few years, at least two of which carried revisions made by Johannes Dietenberger—matters already called to attention in Chapter 1 and which will receive further attention later.

As Emser went to his grave, his name became a byword among enemies, but he received high praise from his numerous friends. The Catholic party acclaimed him to be one of the true champions of their faith, and the esteem in which he was held by them is expressed in the Bible text chosen for his grave marker (from the Vulgate of Psalms 118:113 and 25:5 [119:113 and 26:5]): "I have hated the unrighteous and loved Thy law; I hated the congregation of the malignant and will not sit with the impious" (compare the "Emserian Epitaph" as reproduced in Plate B-39 in Part B below).

JOHANNES DIETENBERGER

It is a curious fact that much of the life of the translator of the most popular sixteenth-century Catholic German Bible lies in obscurity, and that apparently the earliest direct reference to him comes at age twenty or twenty-one in the mention of a "frater Johannes Diedenberger" in the roster of the Rosenkranzbruderschaft in Frankfurt am Main in 1496.[5] This and other sources lead to the conclusion that he was born about 1475 in Mainz. Evidently he was the son of "Henne [or Hans] von Dietenberger," who had become a burgher in Mainz two years earlier. Later records refer to a brother, Clas, and to two sisters, Barbara and Margaretha.

In 1510 Johannes Dietenberger became prior of the Dominican cloister in Frankfurt, a post he held intermittently until 1526. What was apparently his first leave of absence from this post came in 1511, as we find him matriculated at the University of Cologne on June 3 of that year. The following year he studied at Heidelberg, from there apparently returned to Frankfurt in 1513 or 1514, and then moved next to Mainz. In any case, on September 23, 1514, Dietenberger was promoted to the Licentiate in Theology at Mainz, followed by the Doctor of Theology there in 1515. In 1515 or 1516 he returned to Frankfurt, where he was once again elected prior for the Dominicans.

On January 27, 1518, Dietenberger began lectures on Thomas Aquinas in Trier, to which he had moved in late 1517. He is next mentioned as prior of the Dominican house in Coblenz, a post he still held on May 6, 1520, and by October 7 of that year he was back in Frankfurt as prior there. This latter position he held for six years in succession, until October 29, 1526.

It was during this Frankfurt period that his writing career began. His earliest published treatise was his *Obe die christen mügen durch iere gutē werck dz hymelreich v̄dienē* of 1523, and within two years some ten or eleven of his works had appeared in print (including two translations from Latin to German, concerning which more will be said later). The thrust of his writings was generally polemical. Some works explicitly stated Luther's positions and Dietenberger's refutations in dialogue fashion. One particularly intriguing publication from this early period of Dietenberger's writing career is his *Cristliche vnderweisung, wieman gotes heiligen in dem hymmel anrüffen . . .*, a lengthy poetic dialogue between a "weltkind" and a "geystlicher bruder." It demonstrates in clear fashion Dietenberger's outstanding literary skill in the German language.

Mention must be made at this point of another, and more violent, anti-Lutheran polemicist whose friendship was especially important to Dietenberger at this time—Johannes Cochlaeus. As dean of the Liebfrauenstift in Frankfurt since about 1520, Cochlaeus had become well acquainted with Dietenberger, so that in 1523 he wrote forewords (in the form of dedications to important personages) to Dietenberger's first five publications. He would customarily give the latter highest praise, extolling him as a pious, godfearing, and highly learned individual.

Even more important, however, was Cochlaeus's aid in securing a printer for Dietenberger's earliest works. In Germany at this time, publishers and printers who would accept manuscripts from Catholic writers were relatively few, for the marketability of Catholic works was doubtful when compared to the phenomenal success that was being experienced in disseminating Lutheran materials. Cochlaeus's friendship with certain printers, such as Johann Grüninger of Strassburg, appears to have been an aid in getting Dietenberger's earliest works into print. Indeed, Dietenberger's first five works (and possibly a few more in the early sequence) were issued by Grüninger.

Dietenberger also translated two of Cochlaeus's own works from Latin into German—the *Ob sant Peter zv Rom sey gewesen* and *Ein Christliche vermanung der heyligen stat Rom an das Teütschlandt, yr Tochter im Christlichen glauben*. A characteristic of Dietenberger's procedure was to mellow some of the sharpest expressions used by Cochlaeus. For example, the expression, "O Germany, will you not destroy these people, who dwell together and concur with so many heretical monsters and the filthiest swine?" was mollified to read, "O Germany, why will you tolerate any longer these unprofitable people, soiled with so many injurious heretics?"

The years 1525 and 1526 were particularly difficult ones for Dietenberger because of the influx of Protestantism into Frankfurt and the curbing of the Dominicans' free activity in that city. Though he endeavored as early as 1524 to give up the priorship of the Frankfurt cloister, circumstances (such as, in one instance, the sudden and untimely death of his chosen successor) compelled him to remain until 1526. By November of the latter year, however, Dietenberger had left Frankfurt and had become prior of the Dominicans in Coblenz.

Within a year or two after this move, Dietenberger became active in his first known work along the lines of Bible translation—his revision of Emser's New Testament. It was also during this Coblenz period that he went to Augsburg in 1530 and there participated—along with Cochlaeus, John Eck, and other notable Catholic theologians—in the Lutheran-Catholic dispute at the Diet and aided in the preparation of the Catholic Refutation or "Confutation" of the Augsburg Confession. He remained in Augsburg throughout the summer and at least until November 7, returning sometime soon thereafter to Coblenz. In 1533 he became a professor and canon in Mainz, making this city his home until his death in 1537.

In 1532, while Dietenberger was still a resident of Coblenz, he produced a major work entitled *Phimostomvs scriptvrariorvm*. It covered in some detail the points of difference between Catholics and Lutherans as manifested at Augsburg, and it was thus a sort of additional "refutation" to the Augsburg Confession (and a response, as well, to the Apology of the Augsburg Confession). It dealt with such topics as the authority of the church, veneration of saints, confession, freedom of the will, the sacrifice of the mass, and purgatory; and it has been acclaimed "one of the sharpest works from the standpoint of logic, and one of the clearest and most exquisite from the standpoint of theological exposition."[6]

Two years later, after his move to Mainz, Dietenberger saw through the press the first edition of his complete German Bible, printed by Peter Jordan of that city. Although Dietenberger's death occurred before the appearance of the second edition of his German Bible in 1540, he did have the opportunity, in 1537, to make revisions for it. Also, the year

1537 saw publication of the last of his major works, a catechism. His death took place in Mainz on September 4 of that same year.

PRODUCERS OF OTHER SIXTEENTH-CENTURY CATHOLIC GERMAN BIBLES

Brief mention needs to be made here of two further individuals who were responsible for Catholic High-German Bibles which appeared during the first half of the sixteenth century, and of a group of persons responsible for the appearance in 1532 of a Low-German version based on Emser's translation. These are John Eck, Jacob Beringer, and the Brethren of the Common Life in the north-German city of Rostock.

John Eck

Since the career of John Eck (Johann Maier von Eck) is quite well known and its details are readily available in various sources, it will be dealt with in utmost brevity here.[7] John was born in the town of Eck or Egg (near Memmingen) on November 13, 1486. After study at the University of Heidelberg, he took his Master's degree at Tübingen in 1501, and next spent a year in Cologne. Then he moved to Freiburg im Breisgau, where he studied theology, being promoted to Bachelor of Theology in 1505, to the Licentiate in 1509, and finally to Doctor of Theology in 1510. Here he also published his first work (the *Ludicra logices exercitamenta* in 1506) and did some teaching. In 1508 he took a trip to Strassburg, where he was ordained to the priesthood.

After leaving Freiburg on October 31, 1510, for Ingolstadt, he began lectures in the University in the latter city on November 13 of that year; and henceforth Ingolstadt was to be his home for the remainder of his life. He took trips, however, to Leipzig for the famous debate with Carlstadt and Luther in 1519 and to Augsburg for the Diet in 1530, as well as traveling on a number of occasions to various German and Austrian cities for sermons or other official purposes.

Precisely why Eck's hand should be turned to the production of a Catholic German Bible, in view of Jerome Emser's and Johannes Dietenberger's work, is not entirely clear (though more will be said in this regard as we discuss his work of translation in Chapter 5). In any event, he did produce a translation. The dedication to his first edition bears the date of November 30, 1536, and the publication itself appeared the following year.

Eck's later activities included a disputation with Philip Melanchthon at Worms from January 14-17, 1541; an active part in the Colloquium at Regensburg from April 28 to May 10 the same year; and the preparation, when back in Ingolstadt, of his *Apologia* of 1541. His death occurred in Ingolstadt on February 10, 1543.

Jacob Beringer

Relatively little is known about the producer, and the circumstances surrounding the production, of one further Catholic High-German translation of the New Testament to which we give at least passing attention in the present volume—the Jacob Beringer version, which appeared in 1527. (The title-page of this publication carries the date 1526, but the colophon indicates that printing was completed in Strassburg in 1527).

As for Beringer himself, in the foreword to his New Testament he identifies himself as "Jacobus Beringer / leuit des mere thumstiffs zu speyer."

The Rostock Brethren of the Common Life

A word must be said about the producers of a Low-German edition based on Emser's translation—namely, the Rostock Brethren of the Common Life. This group was part of a Catholic reform movement known as the *Devotio Moderna*, which had originated in the Netherlands in the late fourteenth century and consisted of the Brethren of the Common Life, the Sisters of the Common Life, and the Augustinian Canons Regular of the Congregation of Windesheim.[8] Through the foundation of houses, schools, and even several printing establishments, the movement's influence was felt widely in northern Europe, especially in the Netherlands and the German lands. In fact, certain prominent leaders of the time, including Erasmus of Rotterdam and Martin Luther, were among those who received instruction at schools of the Brethren of the Common Life in the Netherlands or in Germany. Even in France, where there were no official foundations of the *Devotio Moderna*, the movement's impact was felt through its literature and through individuals who fostered its educational ideals or took active part in monastic reforms that were patterned after the practices of the *Devotio's* establishments to the north.[9]

It was in 1462 that the Brethren of the Common Life founded a house in Rostock, in the duchy of Mecklenburg. In 1475 its brothers, who had come to be known as the "Brethren of St. Michael" or the "Brethren of the House at the Green Garden," instituted a printing press, this Rostock house being one of four of the Brethren houses that undertook printing during the fifteenth century (the others were in Brussels, Gouda, and Marienthal).[10]

It appears that the printing of a German New Testament was undertaken by the Rostock Brethren of the Common Life as early as 1529. This work, however, was curtailed in 1532 by hostile Protestant city authorities—a story which will be told in Chapter 5, below.

As for the Rostock house itself, the difficulties encountered in connection with its work of Bible translation and publication seem to have been only the beginning of woes. Further encounters with the Protestant city authorities took place, culminating in an agreement dated October 8, 1559, whereby the Brothers signed away their property to the city. The city actually took over the house the following year, but two brothers continued to live there in harmony with a stipulation in the document of agreement to the effect that the current inmates could continue to use the premises throughout their natural lives. The final end came in 1579 with the death of the rector, Henricus Arsenius; but for all practical purposes the real termination of the "House at the Green Garden" had taken place with the signing away of the property two decades earlier.

Chapter 3

JEROME EMSER'S NEW TESTAMENT

Jerome Emser, in an epilogue to his *Auss was gründ* of 1523, made an appeal for the German bishops to call together some skilled and God-fearing scholars who could from the "old and new translations" produce a "trustworthy, steady, and consonant German Bible"—a Bible which would, to use Emser's expression, make a "dung heap" of Luther's September and December Bibles. The "old and new translations" had reference to the pre-Lutheran Catholic editions and to Luther's translation, respectively (see the brief mention of these works in Chapter 1, above).

But Emser's appeal to the bishops for a new and authentic Catholic German Bible apparently went unheeded, and meanwhile a number of editions of Luther's New Testament appeared during a period of only three or four years. This Luther Bible made a strong impact even in Duke George's domains, in spite of the Duke's prohibition. In fact, Duke George became increasingly aware of an adverse sentiment which was developing on the part of many of his own subjects, who seemed to think that his prohibition of the Lutheran version was evidence of his being against the true word of God. Feeling the need to counteract such sentiment and also to provide a new Catholic Bible which would compete with Luther's translation, the Duke commissioned Emser with the task of preparing a "corrected" New Testament.

The first edition was issued in Dresden, apparently during the month of August (Duke George's foreword or "privilege" was dated August 1 of that year). In the following paragraphs I will provide a description of this Dresden edition, then a short account of subsequent editions to 1534 (the year when Johannes Dietenberger's German Bible appeared), and finally a brief notation concerning several extant sixteenth-century editions subsequent to 1534.[1]

For the sake of convenience, a list of the editions from 1527 through 1534 is here provided, together with the abbreviations which will be used herein for them (editions from the same year are given alphabetically by place of printing rather than in chronological order, since the exact chronological sequence for these is not always known; also, when the publisher is different from the printer, the publisher is indicated after a slash mark):

1527:	Dresden: Wolfgang Stöckel.	Folio.	(E-1527)
1528:	Cologne: Peter Quentel.	Octavo.	(E-1528C)
	Leipzig: Valten Schumann.	Octavo.	(E-1528L)
1529:	[Augsburg: A. Weissenhorn].	Octavo.	(E-1529A)
	Cologne: H. Fuchs/publication and financing by Peter Quentel.	Folio.	(E-1529C)
	Freiburg im Breisgau: Johannes Faber.	Octavo.	(E-1529F)
	Leipzig: Valten Schumann.	Octavo.	(E-1529L)
1532:	Tübingen: [H. Morhard]/publication and financing by Peter Quentel.	Folio.	(E-1532T)
1534:	Freiburg im Breisgau: Johannes Faber.	Octavo.	(E-1534F)

NOTE: Concerning certain technical matters—such as designations herein of the size of the printed page in the editions, the style used for transcribing text, etc.—, see the "Note" at the end of column 4 in Chapter 1, above. Also, it should be stated here that in the descriptions provided below, the titles of the various editions from 1527 to 1534 are not quoted, inasmuch as the title-pages of all these editions appear in facsimile in Part B of this volume. For convenience, the Plate numbers for the title-pages are indicated in connection with the headings for the sections devoted to the particular editions; and, furthermore, in the course of the discussion itself, there is frequently indication, as well, of Plate numbers for various other pages appearing in facsimile in Part B.

THE FIRST EDITION (E-1527)
(Title-page—Plate B-1)

The facsimile reproduction of the title-page and a number of other pages of E-1527 (see Plates B-1 through B-4, and B-6 through B-10) will provide a fair impression of the main features of this publication. Nevertheless, it will be fitting to give here a brief description of the volume's format and content, and of the nature of the translation.

The publication is a folio edition with printed page measuring some 7 x 9 3/8 inches (17.8 x 24 cm.). After 4 preliminary leaves, the numbered leaves for the main text go to CXCVI. The rectos alone carry the number sequence, as is a typical style for printing in that era.

The preliminary leaves contain the following materials: A first title-page, blank on the verso; a five-page ducal authorization or foreword by Duke George; and a woodcut on the verso of the fourth leaf. Then comes a second title-page (or half-title page), from which the numbered leaves are reckoned (though it is not itself numbered). A list of the books of the New Testament is provided on the reverse side of this half-title page. The recto of leaf II contains Jerome's foreword to the four gospels or four gospel writers (in the words of the title, "to the Four Evangelists"), and the verso has another woodcut—a woodcut that is actually a repetition of the picture that precedes the half-title page (see Plate B-2 for a facsimile reproduction).

The New Testament text itself, from Matthew through Revelation, begins on IIIr and ends on CXCVr. Then follows an Emserian subscript, postlude, or postface. It begins on CXCVr and closes on CXCVIr, and is called "Dancksagung und Beschlussrede" in this and in subsequent editions (with variable spelling, of course). A list of corrections also appears on that final page CXCVIr of the first edition, as does the colophon: "Gedruckt zu Dressden durch Wolffgang Stöckel."

As for the biblical text of Emser's version, it is interesting to notice that Luther claimed (in some correspondence which we shall notice shortly) that this was essentially his own version, the rendition being practically stolen word for word from him. Was Luther correct in his opinion on this matter? A careful comparison of Luther's translation with Emser's certainly indicates that he was. Gustav Kawerau, after comparing sections of John 2, Romans 3, and Philippians 2 from both versions, stated his decision on this question as follows: "These examples show clearly his [Emser's] method. It is a revision of the Lutheran text after the Vulgate and according to Catholic interpretation of Scripture."[2] With this conclusion I find myself in general agreement. My own textual comparisons—such as the following samples from Matthew 8:1-4, Luke 16:19-31, and Acts 11:19-30—do indeed illustrate Emser's close dependence on Luther. Occasionally, however, as in the Sermon on the Mount of Matthew 5 through 7, the dependence may not be quite so great, and a comparison selected from these chapters is also provided below.[3]

MATT. 8:1-4

E-1527	Luth-1522
Als er aber vom berg herab steige / volgte yhm vil volcks nach / vnnd sihe / ein ausssetziger kam / fiel yhm zu fussen vnd sprach / herr / so du wilt / kanst du mich reynigen / Vnd Jhesus streckt aus seyn hand / rurt yhn an / vnnd sprach / ich wil / Sey gereyniget / Vnnd als bald ward er von seym ausssatz reyn / vnd Jhesus sprach	Da er aber vom berge herab gieng / folgte yhm viel volcks nach / vnd sihe / eyn aussetziger kam / vnd bettet yhn an / vnd sprach / Herr so du willt / kanstu mich wol reynigen / vnnd Jhesus streckt seyne hand auss / rurt yhn an / vnnd sprach / ich wills thun / sey gereynigt / vnd als bald wart er von seym ausssatz reyn / vnnd Jhesus sprach

zu yhm / sihe zu / das du das nyemant sagest / Sonder gehe hyn / vnd zeyge dich dem priester / vnd opfer die gabe / die Moses beuolhen hat / yhnen zu getzeugnis.

zu yhm / sich zu / sags niemant / sondernn gang hyn vnnd tzeyg dich dem priester / vnnd opffere die gabe / die Moses befolhen hat / zu eynem tzeugnis vber sie.

LUKE 16:19-31

E-1527	Luth-1522
Es was eyn reycher man / der kleydet sich mit purpur vñ köstlicher leynwat / vnd lebet alle tag wol / vnd scheinbarlich. Es war auch eyn armer / mit namen Lazarus / der lag vor seiner thür / voller schweren / vnd begeret sich zusettigen von den brosamen / die von des reychen tisch fielen / vnd niemant gab yms / Sonder die hund kamen vnd leckten ym seyne schweren. Nu begab sichs / das der arme starb / vñ ward getragen von den Engeln in Abrahams schos. Vnd der reyche starb auch / vnd ward begraben in die helle.	Es war aber eyn reycher man / der kleydet sich mit purpur vnd kostlichem lynwadt / vnd lebet alle tage herlich wol / Es war aber eyn armer / mit namen Lazarus / der lag fur seyner thur / voller schwerē / vnd begeret sich zu settigen von den brosamen / die von des reychen tisch fielen /
	Doch kamen die hund / vnd leckten yhm seyne schweren / Es begab sich aber / das der arme starb / vnd wart getragen von den Engelen ynn Abrahams schoss / der reyche aber starb auch / vñ wart ynn die helle begraben.
Als er nu in der quall war / hub er seyne augen auff / vñ sahe Abraham von fernen / vñ Lazarum in seiner schos / vnd er rieff vñ sprach / Vatter Abraham / erbarm dich mein / vnd sende Lazarū / das er das eusserst seines fingers yns wasser tauche / vnd küle mein zungen / deñ ich leyd grosse peyn in diser flammē. Abraham aber sprach. Gedenck son / das du gutes empfangen hast in deinem leben / vñ Lazarus dargegen hat böses empfangen. Nu aber wirt er getröstet / vnd du wirst gepeyniget / vñ vber das alles ist zwischē vns vnd euch eyn grosse finstere klufft befestiget / das die da gern wolten võ hinnen hynab steygen zu euch / konden nit / vñ auch nit võ dannen zu vns hieher faren.	Als er nu ynn der quall war / hub er seyne augen auff / vñ sahe Abraham von fernen vnnd Lazarum ynn seynem schoss / rieff vnd sprach / vater Abraham / erbarme dich meyn / vñ sende Lazarum / das er das eusserst seynes fingers yns wasser tauche / vñ kule meyne zungen / deñ ich leyde grosse peyn ynn diser flammen / Abraham aber sprach / gedenck / son / das du gut'is empfangen hast ynn deynem leben / vñ Lazarus dagegen hatt boses empfangen / Nu aber wirt er getrostet / vnd du wirst gepeyniget / vnd vber das alles ist zwisschen vns vnnd euch eyn grosse klufft befestiget / das die da wollten von hynnen hyn ab steygē zu euch / kunden nit / vñ auch nit võ dannen zu vns her vberfarē.
Da sprach er / so bitt ich dich / vatter / das du yn sendest in meines vatters hawse / denn ich hab noch funff brüder / das er yn betzeuge / auff das sie nicht auch komen an disen ort der qual. Abraham sprach zu ym. Sie haben Mosen vnd die propheten / lass sie die selben hören. Er aber sprach / Neyn / vatter Abraham / Sonder / wenn eyner von den todten zu yn gieng / so wurdē sie buss thun. Er aber sprach zu ym So sie Mosen vnd die propheten nicht hören / so werden sie auch nit glewben / ob yemand von den todten auff stünde.	Da sprach er / so bitt ich dich / vater / das du yhn sendest yñ meynes vaters hausse / deñ ich habe noch funff bruder / das er yhn betzeuge / auff das sie nicht auch komen an disen ort der qual. Abraham sprach zu yhm / Sie haben Mosen vnd die prophetē / las sie die selbē horen / Er aber sprach / Neyn / vater Abraham / sondern / wenn eyner võ den todten zu yhn gienge / so wurdē sie busse thun. Er aber sprach zu yhm / Horen sie Mosen vnnd die propheten nicht / so werden sie auch nicht glewben / ob yemand von den todten auff stunde.

ACTS 11:19-30

E-1527	Luth-1522
Die aber so zurstrewet waren vnder der trübsal / so bey Stephano geschach / giengen vmbher / bis gen Phenicen vnd Cypern vnd Antiochien / vnd redeten das wort zu niemant / denn aleyn zu den Juden Es waren aber etzlich vnder ynen / menner von Cypern vñ Cyrenen / die kamen gen Antiochien / vnd redeten auch zu den Kriechen / vnnd predigeten den herrn Jesum / vnd die hand Gottes war mit yn / vnd eyn grosse zcal ward glewbig vnd bekeret sich zu dem herren.	·Die aber zurstrewet waren vnter dem trubsall / der vbir Stephano geschach / giengen vmb her / bis gen Phenicen vnnd Cypern vnnd Antiochien / vnnd redeten das wort zu niemant / denn alleyne zu den Juden / Es waren aber ettlich vnter yhn / menner von Cypern vnnd Cyrenen / die kamen gen Antiochien / vnd redeten auch zu den Kriechen / vnd predigeten das Euangelion von Jhesu Christo / vnd die hand Gottis war mit yhn / vnd eyn grosse zal ward glewbig vnd bekeret sich zu dem hern.
Es kam aber dise rede von yhn für die oren der samlung sso zu Jerusalem was / vnnd sie sandten Barnabam / das er hyn gienge bis gen Antiochien / wölcher / da er hyn komen war / vnd sahe die gnade Gottes / ward er fro / vnd ermanet sie alle / das sie nach dem fürsatz yhres hertzen bey dem herren bleyben wolten / denn er war eyn fromer man / vol heyliges geysts vnd glaubens / vñ es war eyn gros volck dem Herrn zu than / Barnabas aber gieng aus gen Tarsen zu suchen Saulum / vnd da er yhn fand / füret er yhn gen Antiochien / vnd sie woneten eyn gantz iar doselbest / in der samlung der gleubigē vnd lereten eyn gros volck / also das die Junger zu Antiochia am örsten / Christen genennet wurden.	Es kam aber dise rede von yhn fur die oren der gemeyn zu Jerusalem / vnnd sie sandten Barnabam / das er hyn gienge bis gen Antiochien / wilcher / da er hyn komē war / vñ sahe die gnade Gottis / ward er fro / vnd ermanet sie alle /. das sie von hertzē fursetzten an dem herren zu bleyben / denn er war eyn frumer man / voll heyliges geysts vnnd glawbens / vnnd es wart eyn grosss volck dem hern zu than / Barnabas aber gieng aus gen Tarsen / Saulum widder zu suchen / vnd da er yhn fand / furet er yhn gen Antiochien / Es geschach aber / das sie eyn gantz iar yñ der gemeyne sich samleten vñ lereten eyne gros volck / vñ das die junger zu Antiochia am ersten / Christen genennet wurdē.
Inn den selben tagen kamen Propheten von Jerusalem gen Antiochien / vnd eyner vnder yhn / mit namen Agabus / stund auff / vnnd zeiget an durch den geyst eyn grosse theurung / die da komē solt vber den gantzen kreys der erden / wölche geschach vnder dem Keyser Claudio / Die Jünger aber beschlossen eyn itzlicher / nach dem er vermocht / zu senden eyn handreychung den brüdern die in Judea woneten / wie sie denn auch thetten / vnd schicktens zu den Eltisten durch die hand Barnabe vnd Sauli.	Inn den selbigen tagen kamen propheten von Jerusalem gen Antiochien / vñ eyner vnter yhn mit namen Agabus stund auff / vnd deutet durch den geyst eyn grosse theurung / die da komen sollt vbir den gantzen kreys der erden / wilche geschach vnter dem keyser Claudio / Aber vnter den jungern beschlos ein iglicher / nach dem er vermocht / zu senden eyn handreychung den brudern die yñ Judea woneten / wie sie denn auch thetten / vnd schicktens zu den Eltisten durch die hand Barnabe vnd Sauli.

As mentioned earlier, one section of the biblical text wherein Emser has departed more noticeably from Luther's version is the Sermon on the Mount. Especially is this so in the Beatitudes of Matthew 5:1-12, which are used here as the basis for textual comparison:

MATT. 5:1-12

E-1527	Luth-1522
Da nu Jhesus sahe die scharen / steyg er auff ein berg / vnd als er sich het nidergesetzt / tratten zu yhm seyne Junger Vnd er thet auff seynen mund / lehret sie / vnnd sprach. Selig sint / die da arm seyn im geist / dann yhr ist das hymelreych. Selig sint die senfftmütigen / dann sie werden besitzen das erdtreych. Selig sint die da heulen vnd clagen / dañ sie getroest werden / Selig sint / die do hungert vnd durstet nach der gerecht-ikeit / dañ sie gesettiget werdeu. Selig sint die barmhertzigē / dañ sie barmhertzikeit befinden werdē / Selig sint / die do seyn eins reynen hertzen / dann sie gott schawen werden / Selig sint die fridsamen / dann sie gottes kinder geheissen werden / Selig sint die do veruolgung leyden / vmb der gerechtikeit willen / dañ yhr ist das reych der hymele / Selig seyet yhr / so euch die menschen schelten / vnd veruolgen / vnd alles arge von euch sagen werden / liegende / vmb nieynet wegen / Frewet euch vnd frolocket / dañ ewer belonung ist seer gros in den hymeln / Dann also haben sie auch veruolget die Propheten / so vor euch gewest seyn.	Da er aber das volck sahe / steyg er auff eynen berg / vñ satzet sich / vnnd seyne Junger tratt en zu yhm / vnnd er thatt seynen mund auff / leret sie / vñ sprach / Selig sind / die da geystlich arm sind / deñ das hymel-reych ist yhr / Selig sind / die da leyde tragē / deñ die sollen getrostet werden / Selig sind die senfftmutigen / denn sie werden das erdreych besitzen / Selig sind die da hungert vnnd durstet nach der gerecht-ickeyt / denn sie sollen satt werden / Selig sind die barmhertzigē / deñ sie werdē barmhertzickeyt erlangē / Selig sind die võ hertzen reyn sind / denn sie werden got schawen / Selig sind die fridfertigen / deñ sie werden gottes kynder heyssen / Selig sind / die vmb gerechtickeyt willen verfolget werden / deñ das hymel reych ist yhr / Selig seyd yhr / wenn euch die menschenn schmehen vnd verfolgen / vnd reden allerley arges widder euch so sie daran liegē vmb meynen willen. Habt freud vnnd wonne / Es wirt euch ym hymell woll belonet werden / denn also haben sie verfolgt die propheten / die fur euch gewesen sind.

Except for the final selection (which represents an exception to the pattern for the New Testament in general), the foregoing excerpts from Luther's and Emser's first editions reveal Emser's very close dependence on Luther. The question naturally arises, Was Emser a purposeful plagiarist in the production of his New Testament?

This is a difficult question to answer, but a few observations are in order here. In the first place, Emser most certainly did not mean simply to steal Luther's translation as such. This would have been unthinkable, for he did wish to produce a *Catholic* version, and he had already put himself on record in his *Auss was gründ* and *Annotationes* as having found much fault with Luther's New Testament. In the second place, Emser evidently did not covet the task of being a Bible translator. As we have seen, he had desired the German bishops to take the responsibility for a new Catholic translation and to appoint qualified scholars to undertake the project. In the third place, Emser may have felt himself lacking in the skills necessary for the work of Bible translation, even though he seems to have had rather good command of the Greek language as well as of the Latin. And finally, he apparently never desired the new Catholic Bible to be a genuine translation from the original languages anyway; for after all, even in his request to the bishops he had indicated a desire for merely a work based on the "old and new translations."

With the foregoing considerations in mind, we should probably not be overly surprised to find that Emser attempted no more than he did, for why should he be expected to do more than what he thought properly qualified persons should accomplish? On the other hand, it does appear, of course, that he really attempted less than he desired them to do, inasmuch as he confined himself remarkably closely to one particular translation—namely, that of Luther (the very one which he was endeavoring to counteract!).

This anomaly raises intriguing questions about Emser's purpose and procedure: Was he perhaps endeavoring to publicize the so-called flaws in his opponent's version by following its text rather closely where possible, but "correcting" it here and there in a Catholic sense? Or might it be that the very popularity of the Lutheran rendition provided Emser with an incentive to adopt its style and general content wherever feasible? It seems certain that if Emser had adopted the "heavy" style of the pre-Lutheran editions, his version could not have gained popularity, and this consideration may well have influenced him in the direction of following so closely a new translation which was having phenomenal success in its appeal to the common people.

Just as Emser had been displeased with Luther's version and had criticized it severely, so now Luther in turn attacked Emser's work. Particularly striking are two letters which Luther dispatched late in November of 1529 in an effort to hinder the printing of the Emserian version in a Low-German edition by the Brethren of the Common Life in the city of Rostock.[4] The first letter, dated November 23, was addressed to Luther's own prince, the Elector John of Saxony. In it he requested help from John to get Duke Henry V of Mecklenburg to forbid the project. Pious burghers from Lübeck, Luther said, had written him, fearful that by the activity of some "lollbrothers" at Rostock in printing a Saxon translation of Emser's New Testament many people of the place would be deceived and great harm would be done. For his own part, Luther could tolerate the text of Emser's Testament, he said, for "the rogue" had wickedly stolen it, its text being essentially Luther's own translation. But Emser had now so knavishly poisoned it with his "glosses and annotations" that it could bear no fruit, but do only harm.

The second letter, dated November 27 and addressed directly to Duke Henry, covers essentially the same ground. His informants from Lübeck, the Reformer points out, were fearful that through this work of translation considerable damage might be done to pious souls. Again Luther indicates that he could well permit the text, since it was almost entirely his own, stolen word for word from him. But, the "poisonous additions, glosses and annotations" might be dangerous.

What were the kinds of additions which Emser added to his New Testament? The pages of the main text reveal notations on both inner and outer margins. Those on the inner margins were of three main kinds, which certainly were not the ones to which Luther objected: (1) letters of the alphabet as paragraph indicators; (2) Scripture-text cross-references; and (3) brief explanatory items, as for instance, "In German, 'Jesus' is the same as a 'heylād' or 'seligmacher'" (in connection with Matthew 1:21), and "'Peter' is the same as a 'rock'" (in connection with Matthew 16:18).

In the outer margins there were longer "glosses"—some quite innocuous from the Lutheran point of view, but others quite "anti-Lutheran" in their thrust. To illustrate the innocuous type, we may call attention, for example, to the gloss to Matthew 3:4, explaining that the "locusts" are of different form than "our locusts," and to the gloss for Matthew 5:46, defining the term "publicans." There are, of course, many others of similar type.

The more "poisonous" kind, from Luther's point of view, may be illustrated by the following several examples:

Gloss to Matthew 3:2: Notice this introduction of John's sermon, that we must of all things first do penance. And take heed for the heretics, who despise penance and confession.

Gloss to Matthew 4:6: Here the devil leaves out a part of the Scripture, taking only what serves him, as his sons the heretics also do.

Gloss to Matthew 4:17: Observe that even Jesus began his preaching with penance, and be wary of all who despise penance.

Gloss to Matthew 5:13 (deals with salt becoming "insipid"): That is, where the learned individual becomes a heretic. He can by no one be salted or corrected anymore, but is hardened and thrown out—that is, out of the Christian church, as Paul says, "a heretic after the first or second admonition you shall shun."

Gloss to Matthew 5:25 (deals with the words "in prison"): That is, in purgatory, according to the interpretation of the holy teachers. For in hell there is absolutely no redemption nor hope of release.

Gloss to Matthew 6:16: Observe that Christ does not do away with nor despise fasting, as the heretics now do, but teaches how we should fast and that it is pleasing to God; thus also of prayer, alms, and other good works—all of which God will reward and repay to us.

Gloss to Matthew 7:17-20: Every heretic is a bad tree which brings forth no good fruit. Therefore, nothing better can be done than to chop down such and throw them into the fire, if they will not give up their error.

It may be noted that Luther's aforementioned two letters of November 23 and 27, 1529, refer to "annotations" as well as to "glosses"; but the first Emserian edition contains no additions designated as "annotations." However, a 1529 Cologne edition, which we will notice later in the present chapter, did incorporate lengthy materials specifically called "annotations," and it may well be that these were what Luther had in mind as he used the term "annotations" in his letters to Elector John and Duke Henry. This Cologne edition had come from the press some three months before Luther's correspondence was penned.

The foregoing discussion has dealt primarily with the main text of E-1527, including the marginal notations added thereto. Two further observations are in order regarding this main text, before we turn our attention briefly to one of the preliminary items and to the concluding materials. First of all, the ordering of the books follows the sequence of the Vulgate, thus departing somewhat from Luther. (It must be remembered that Luther placed Hebrews, James, Jude, and Revelation in a sort of appended position outside his regular listing and enumeration.) Second, interspersed with the text itself there are a number of woodcuts, many of these being full-page size. Such woodcuts are especially prominent in the book of Revelation, where all but two of the twenty-one full-page woodcuts used in Luther's "December Bible" of 1522 have been repeated. In two instances the "December Bible" woodcuts have been replaced by somewhat smaller pictures considered by some researchers to be by Guy Lemberger and by others as more likely representing the work of Godfrey (or Gottfried) Leigal. (One of these pages is reproduced in Plate B-4. See also the title-page woodcut shown in Plate B-1, clearly revealing the monogram "G. L.")

It should be mentioned that the woodcuts to the book of Revelation in Luther's "September Bible" and "December Bible" are identical, with one significant change that affects three pictures: In the "September Bible," the beast pictured in the woodcuts to chapters 11 and 16 and the harlot pictured in the woodcut to chapter 17 wear a triple crown. This crown was reduced to a single crown for the "December Bible," and appears likewise as a single crown in E-1527. (Plates B-5 and B-6 illustrate the two versions of the woodcut to Revelation 11.)

Aside from the main text of Emser's first edition, a word should be said about the major preliminary item, Duke George's foreword or authorization. In it the Duke gives his historical explanation of developments leading up to the printing of the Emserian version: The Augustinian monk Martin Luther, he points out, has proceeded on a pathway bringing condemnation on himself and on others and leading them away into his "godless sect." Not only the poor and foolish, but some great potentates and heads of the German nation have been prejudiced and misled by his hypocritical and heretical sermons and writings. Especially has this situation been brought about, the Duke continues, through Luther's audacious translation of the entire New Testament—a translation in which he has departed from the ordering and content of the "Christian Church's approved text," made a border of "poisonous and heretical glosses," rejected some entire books, and chidingly censured the canonical writings of the holy apostles as "straw letters."[5] Since this "perverse translation" was being published in many thousands of copies and was misleading numerous pious people, the Duke—with timely counsel and even "command and order" from Emperor Charles V—undertook to proscribe it. This was not a prohibition of the true gospel and word of God, continues the Duke, but only of the works of Luther and the "other falsely named evangelical preachers." Furthermore, the Duke now authorizes this new translation by Emser. (Duke George's foreword as reprinted in E-1528L is given in entirety in Plates B-21 through B-31.)

The materials appearing at the close of E-1527 are, as already mentioned, a postface, a table of corrections, and the colophon. It is interesting to note that in the postface Emser has provided a very curious remark: "I am not myself certain as yet whether it is good or evil to translate the Bible into German and lay it before the common, uneducated man. For the Scripture is a pool and fount in which many even of the highly learned drown. And he must stoop very low who would enter this door without bruising his head." Emser continues by giving counsel to care more about a "good, godly life than about the Scripture, which is commanded to the learned only." Regarding this strange notation, Kawerau rather aptly remarks, "A Bible translator who advises against reading the Bible!"[6] It is advice, moreover, which may be

contrasted with the encouragement toward reading the Bible in the vernacular that is proffered in introductions to three pre-Lutheran Low-German Bibles of the fifteenth century—the Cologne editions of ca. 1478 and 1479 and the Lübeck Bible of 1494.[7]

In any event, the Catholic people apparently did not take seriously Emser's counsel, for his New Testament went through a number of editions very soon after its first publication. To these later editions of the Emserian New Testament we now turn our attention.

EMSER EDITIONS FROM 1528 TO 1534

The editions which will receive treatment in this section are two which appeared in 1528; four which appeared in 1529; one which appeared in 1532; and one which appeared in 1534, the year also when the first edition of Dietenberger's German Bible came from the press. Inasmuch as these particular editions will be considered in groups that do not represent a year-by-year sequence, the reader is referred to the beginning of this chapter for a listing that does give the editions in such a year-by-year order.

E-1528L, E-1529L, and E-1528C
(Title-pages—Plates B-11, B-13, and B-12, respectively)

In 1528 Valten Schumann of Leipzig printed in small octavo what is probably the second edition of Emser's New Testament, though it is not absolutely certain that this Schumann edition preceded another small octavo printed the same year, probably by Peter Quentel in Cologne (more will be said about the probable sequence later). In 1529 Schumann followed up his 1528 edition with a further small octavo, whose appearance is very similar to that of his earlier publication. Another Cologne edition, which came from the press in 1529 and for which Quentel served as publisher, differs in its format and even content in such significant respects that it will be treated in a later subsection of this chapter.

The printed page of E-1528L measures about 3 1/2 x 4 3/8 inches (9 x 11.3 cm.), and the regular enumeration of the leaves containing the main text are Ir-CCLIIr for Matthew through Acts, and Iv-CCVIIIr for Romans through Revelation (Ir of the second part contains "Das argument vber die Epistel Pauli tzu den Römenrn" [sic.]). The verso of CCVIII in the second sequence, both sides of three further numbered leaves (the last numbered leaf is CCXI), and the recto of an additional unnumbered leaf are devoted to the original postface of the 1527 edition, plus a second one, and a list of corrections ("Dancksagung / vnd beschluss rede," "Beschlus rede," and "Correctur," respectively; see Plates B-57 through B-64). The colophon also appears on the recto of the additional unnumbered leaf (see Plate B-64), and on the verso is a woodcut containing a caption regarding 607 places where Luther is supposed to have altered the New Testament text or added falsifying glosses in his translation (the "607 Gemerckte stel"; see Plate B-40). In some copies, two further unnumbered leaves follow—the first, blank on the recto, with the Emserian Epitaph repeated on the verso; and the second, repeating on the recto the woodcut and caption concerning the "607 Gemerckte stel," with the verso blank.

At the beginning of the work there are some 25 unnumbered preliminary leaves, as well, and the materials contained therein include several items not published in the 1527 edition. Following the title-page (which is blank on the reverse side), the basic materials are as follows: (1) a general foreword which describes the contents in amplified form, (2) Duke George's authorization of 1527, (3) Duke George's new foreword or authorization of 1528, (4) a list of differences between two editions of Luther's New Testament, (5) a register or index of readings for the Church Year, (6) the Emserian Epitaph, and (7) Jerome's foreword to the four gospels and gospel writers. (See Plates B-16 through B-31 and B-33 through B-39 for reproduction of the general foreword, the two ducal authorizations, and sample pages from the list of differences and the Church-Year register, plus the Emserian Epitaph.)

Among these preliminaries, there are also some woodcuts—both small panels (see Plates B-20 and B-31) and full-page designs or full-page pictures. Of the latter kind is a repetition of the title-page woodcut, with an extra decorative panel replacing the type on the title-page (see Plate B-32). This woodcut appears on a recto between Duke George's two authorizations. Full-page woodcut pictures occupy the recto and verso of a leaf between Jerome's foreword and the beginning of the Gospel of Matthew. Some copies contain a blank leaf after these last two woodcuts, immediately preceding the beginning of the Bible text.

The general foreword that is incorporated in this edition is essentially a heavily annotated table of contents, and in future editions this sort of foreword became a standard inclusion among the preliminary items.

As indicated above, the ducal foreword or "privilege" of 1527 appears next in the sequence of preliminary materials. In this small octavo it occupies some eleven pages in contrast to about five of the larger pages of the 1527 edition.

The second ducal privilege is comparatively short, filling only two pages of the 1528 publication. In it Duke George outlines new developments and gives his authorization for this revised edition. He indicates that all copies of the earlier Emserian New Testament based on "the old approved texts, doctors, and teachers" have "now, praise God," been snatched up. Therefore, "we bring it about that the same New Testament is going to press a second time, with notable improvement and in a smaller and revised form." Then the Duke continues by giving an extended warning against the pirating or reprinting of this work, after which he concludes by dating this authorization: "Geben zu Dressden Sonnabends am tag Conuersionis Sancti Pauli" in the year 1528. The festival celebrating the conversion of the Apostle Paul was held on January 25.

Among the further preliminary items, the list of differences in two Lutheran testaments is particularly extensive, occupying some seventeen pages.

As for the page style of the main text, certain variations from E-1527 should be noted. For one thing, the marginal glosses of the earlier edition have now, as a rule, been incorporated into the text itself. They are distinguished from the Scripture text by the catch-word "gloss" (or "Glos," as it frequently appears) and by the use of italics. The inner margins of the pages are still characterized by paragraph indicators, but the Scripture cross-references have been transferred to the outer margins. Moreover, in E-1528L the outer margins contain a considerable number of two new kinds of notes; namely, references to the Church Year and references to Luther's rendition of certain disputed points.

In connection with the latter type of notation, indication is also given as to where in Emser's *Annotationes* the reader may look for further discussion of the particular matter in question. It is pertinent to add that frequently an edition of the *Annotationes* has been included in the same binding with E-1528L and designated as the "third" printing or edition of this work.

One further change in page style deserves mention here: In E-1528L, chapter summaries appear at the head of various Bible chapters, whereas E-1527 does not have such summaries. These chapter summaries, like the glosses, are italicized.

The content of the summaries is certainly not far different from what we might expect to find in a modern English Bible. For example, the summary for Matthew 1 states, "On Christ's ancestry and how the angel removed Joseph's suspicion concerning the virgin"; and the one for John 1 reads, "That Christ was with the Father from the beginning; how John was questioned by the Jews concerning who he was, and the testimony he gave to Christ and how he depreciated himself; also how Christ called Andrew, Simon, Philip, and Nathanael."

As for the biblical text itself, except for expected orthographic differences, E-1528L follows very closely E-1527. There has been some slight revision, however, and this is explained in the second postface that has been added at the end of E-1528L. This postface calls attention, first of all, to Emser's service in providing his translation of Scripture. "Christian reader," it begins, "now you have the work that the late Emser obviously undertook at the time when he was aged and weakened by toil and lacked strength of body." It has been "renewed, corrected, purified, and enlarged with some profitable and necessary aids." Discussion then follows in regard to the revision of wording. Since harsh terms, "much used by Luther in his New Testament," have "at times" been carried over by Emser—"perhaps because of overburdening of work or troublesomeness of his infirmity"—, some expressions have been changed to "more modest words" and "at times paraphrased." Nevertheless, Emser is defended; his attitude is described as being that of "a sound and obedient" servant of the Church. (See Plates B-61 through B-63 for the complete German text.)

Whatever changes may have been incorporated in E-1528L as far as either the text itself or the wording of the glosses is concerned, they seem rather negligible when compared with the almost total similarity between E-1527 and E-1528L in these respects. In any event, E-1528L was scarcely an amelioration, regardless of any claims to the contrary by the reviser.

However, a curious question now arises: Who produced the revision? The assumption heretofore seems to have been that E-1529C was the first Emserian edition to have had any basic or purposeful revision of this sort, for Dietenberger is named in its colophon as having "diligently read through and corrected" the translation (see Plate B-94). Also, the second postface referred to above has, in its appearance in E-1529C, been thought to be the work of Dietenberger.[8] This leads one to wonder whether the significance of its earlier appearance in E-1528L has been overlooked. Indeed, a comparison of the texts of this postface in the two editions reveals that E-1529C follows the text of E-1528L except for two or three minor word changes and the expected orthographic differences.

And yet, E-1528L makes no mention of Dietenberger! In spite of this, was he possibly the reviser for this 1528 publication as well as for E-1529C?

Direct evidence is lacking to clarify the matter. Moreover, the fact remains that E-1529C shows slight textual revision beyond both E-1527 and E-1528L, thus leaving the precise situation even more unclear. However, although various possibilities exist as to the identity of the reviser for E-1528L, I would suggest that there is high probability that Dietenberger did indeed serve as reviser for both E-1528L and E-1529C, and that he wrote the second postface that appears in both editions.

The situation may very well have been this: Dietenberger's close friend Cochlaeus, who succeeded Emser in the court of Duke George, most likely received the assignment from the Duke to bring forth a further New Testament edition; and he, in turn, might well have called upon Dietenberger to produce this. In any event, such a reconstruction takes into account both the Duke's personal interest in E-1528L (as evident from his remarks in the new foreword or authorization which he especially prepared for it) and the fact that the very same postface—including the identical explanation for revision—is included in both E-1528L and E-1529C. Evidently, the same reviser had been at work for both editions, and that reviser was most likely Dietenberger, inasmuch as he is specifically mentioned in the colophon of E-1529C.

The fact that E-1529C saw further revision beyond E-1528L does not militate against the foregoing conclusion. In fact, in the context of the foregoing considerations, it may even turn out to be somewhat supportive of it, for a process of continuing revision seems to have been characteristic of Dietenberger's style. He appears, somewhat like Luther, to have ever been seeking to improve his translation—a procedure that is obvious in his work later with his own Bible version (more will be said in this regard in Chapter 4).

In 1529, Valten Schumann in Leipzig published a further small octavo edition of Emser's New Testament. This publication resembles closely the 1528 edition both in page style and in content, though there are, of course, minor differences. The page size of E-1529L varies slightly from that of E-1528L, measuring some 3 7/16 x 4 5/8 inches (8.8 x 11.8 cm.).

In the main text, E-1529L has certain new items in the marginal notations, but perhaps the most noticeable change is in the fact that the chapter summaries and the glosses are in roman type, rather than the italic of E-1528L. These summaries and glosses are distinguished from the biblical text by being printed in smaller type, but this distinction is not so readily observed by a casual glance as would have been the continued use of italic.

As for the preliminary materials, the basic items— general foreword, Duke George's two authorizations, etc.— follow the same general order as in E-1528L, though the Emserian epitaph has now been moved ahead from its position just before Jerome's foreword so as to occupy instead the back of the title-page (blank in E-1528L). The second ducal foreword or authorization bears the date of 1529, although its text follows that of the earlier edition.

In this edition the numbering is consecutive for the entire biblical text (rather than in two sequences for Matthew through Acts and Romans through Revelation, as in E-1528L): Matthew begins on Ir and Revelation ends on CCCCXIIIr. The concluding postface material appears on leaves CCCCXIIIr-CCCCXVIr, with the colophon ("Gedruckt zu Leyptzick durch Valten Schuman des Iars.M.D.xxix") also on the last page. The title-page and the other preliminary materials, mentioned above, occupy some 24 unnumbered leaves.

E-1528C was apparently the third edition of Emser's New Testament, if we have been correct in assuming that E-1528L was the second edition. As noted earlier, the second ducal foreword to E-1528L was dated in January. The title-page of E-1528C indicates the month of June as (presumably) the time of publication. In view of the urgency in getting Catholic New Testaments into print as quickly as possible, we may reasonably assume, I believe, that the actual appearance of E-1528L was not more than a month or two after Duke George had completed his new authorization statement in Dresden in January. And in such case, E-1528L was indeed the second edition, as it claims to be, with E-1528C as the third edition.

In much the same format as E-1528L, E-1528C is also a small octavo. It has essentially the same preliminary materials as E-1528L, but the new or second ducal authorization is lacking. The printed page of E-1528C measures some 3 1/2 x 5 1/8 inches (9 x 13 cm.), with regular numeration of the leaves going from I through CCCLV, after some 21 unnumbered preliminary leaves.

Before proceeding to a consideration of further editions, it should be mentioned that these three small octavos— E-1528L, E-1528C, and E-1529L—contain woodcuts. Those for the Leipzig editions presumably were prepared by a woodcutter following the style of Guy Lemberger; and the artist for the Cologne publication was, it appears, Anton Woensam (Antonius von Worms).

E-1529C and E-1532T
(Title pages—Plates B-89 and B-95)

A further large folio of Emser's New Testament was published in 1529—by Peter Quentel, using H. Fuchs in Cologne as the printer, as the colophon indicates (it also gives August 23, 1529, as the date when printing was completed). This edition is noteworthy for several reasons besides its reversion to the folio format. For one thing, even its very title-page contains a greatly expanded title, which refers, among other things, to Emser's "Summarien vnd Annotationen" that show (supposedly) how Martin Luther had altered the biblical text according to a Hussite exemplar. The opinion that Luther followed a Hussite copy was evidently a common Catholic belief of the time, but modern research does not substantiate it.

The colophon for E-1529C is also somewhat extended, and it includes mention of the fact that Emser's translation had now been corrected or revised by Johannes Dietenberger, a matter which we have already discussed in connection with E-1528L. (See also the facsimile reproduction that appears in Plate B-94).

A third item which deserves notice here, as being truly a substantial addition in E-1529C, is the inclusion of lengthy "annotations" at the end of various chapters of the biblical text. Whereas earlier editions had referred in marginal notes to such annotations (represented in *Auss was gründ* and editions of the *Annotationes*), Dietenberger's revised form of the Emserian annotations are now actually incorporated, printed in smaller type than is the biblical text. Plates B-91 and B-92 illustrate two of these annotations. Some excerpts from one further one—that for Matthew 7—are given here in English translation:

> At the beginning of this seventh chapter where it is written "Judge not that you be not judged," there follows immediately in our text, "Condemn not that you be not condemned," which words Luther has also in his translation skipped over and left within his pen, perhaps because he alone wishes to condemn everyone and does not wish to be condemned in return by anyone.

> In the gloss concerning the word "do" Luther makes four lies with one stroke. The first is that he says here Christ also demands faith. For Christ in this statement—namely, "Not everyone who says Lord, Lord, but he who does the will of my Father," etc.—directs us, not to faith, but to works. . . .

> The second lie is that he says all good works without faith are sin. For no one says that Trajan sinned by loving and exercising justice. Moreover, if it had been sin when Aristotle or the heathen poets taught or wrote what was profitable, Paul would not have quoted them in his epistles. Also, Jethro did not sin by giving good counsel to Moses, nor did Achior by giving good counsel to Holophernes. Thus it is false that all good works without faith are sin. But it is true that without faith they are not efficacious to eternal salvation. . . .

> The third lie is that he says where there is faith, good works must follow. For, as shown above in the Foreword, and as Paul testifies in 1 Corinthians 13, there can well be faith without actual love or works.

> The fourth lie Luther attaches at the end by saying that good works without faith are the foolish virgins' lamps without oil. For the oil does not signify faith but the spirit of love and devotion which we must have in our works. . . . That the foolish virgins also had faith and believed on Christ appears from the fact that all ten—the five wise and the five foolish—were compared to the kingdom of heaven, namely, the Christian church, as Gregory and the other holy fathers have unanimously interpreted this parable.

The printed page of E-1529C measures some 6 5/8 x 10 to 10 1/4 inches (16.8 x 25.4 to 26.1 cm.); and accordingly, its smaller woodcuts by Woensam do not fill complete pages (they measure about 3 x 5 inches [7.6 x 12.7 cm.] or slightly smaller).

The title-page and preliminary materials occupy 6 unnumbered leaves. The biblical text itself, from Matthew to Revelation, appears on leaves I*r* through CCIII*v*. On the latter verso the postfaces begin. Then follows a section entitled "Die Episteln auss dem alten Testament," beginning on CCV*r* (the first postface concludes and the entire second postface appears on CCIIII*v*). From here on, each page (not just each leaf) bears a new number in the sequence, and the colophon occurs on the page numbered CCXXVII.

E-1532T is mentioned in connection with E-1529C, inasmuch as Peter Quentel had responsibility for publication of both editions, and because in various respects the two editions are quite similar. The titles are the same (but the title-page lacks a woodcut in E-1532T), and in both colophons Johannes Dietenberger is credited with revision of the Emserian text. The publication date given in the colophon of E-1532T is the "letsten tag des Augstmonds."

E-1532T is also, like E-1529C, a large folio volume. Its printed page measures just slightly smaller than its predecessor, being some 6 3/4 x 9 1/4 to 9 5/8 inches (17.2 x 23.5 to 24.5 cm.). The annotations have been retained, but the woodcuts illustrating the text have been omitted.

After 6 unnumbered preliminary leaves, the regular folio enumeration begins with I for the beginning of Matthew and concludes with the end of the postface material on CCII*r* (Revelation concludes on CCI*r*). Then, like E-1529C, each page bears a numeral for the section on "Die Episteln Auss dem alten Testament"; this section concludes on CCXXIIII*r*, where the colophon also appears.

One curious printing peculiarity of E-1532T is the use of catch-words on versos rather than rectos. E-1529C had catch-words on both versos and rectos; and if either set were to be dropped, it would obviously be the more appropriate to retain them on the rectos (for after all, the catch-words were intended to help the reader before flipping the leaf!). That this sort of printing "error" should have occurred is especially curious, inasmuch as the signature indicators in E-1532T are properly on rectos, according to the usual printing style of the time. (See Plates B-96 through B-98.)

E-1529A, E-1529F, and E-1534F
(Title-pages—Plates B-73, B-74, and B-75)

As early as 1529, two further small octavo editions of Emser's New Testament had appeared—one apparently in Augsburg, and the other in Freiburg im Breisgau. Then, in 1534 a second Freiburg edition, in most ways quite like the first, was printed. The title-pages and certain further pages provided in facsimile later in this volume will give the reader an impression of what these three works were like (see Plates B-73 through B-88). Since their general content and organization are similar to what appears in the other editions already noted, only a few remarks will be made here.

E-1529A, whose printed page measures some 3 5/8 x 5 1/8 inches (9.3 x 13 cm.), begins its leaf numbering with the title-page (not indicated on that page); and the text of the Gospel of Matthew begins on leaf 9. The last numbered leaf is 348, on whose verso the book of Revelation ends and the postface material begins. Then there is a sequence of 16 unnumbered leaves. These carry some of the items that in other editions are normally included among the preliminaries—the Emserian Epitaph (in some editions appearing both in the beginning and at the end), the list of differences in editions of Luther's New Testament, and the register of epistles and gospels for the Church Year.

It should be noted that although only the year of publication is indicated, both on the title-page and in the colophon, the printer was most likely A. Weissenhorn in Augsburg, as determined on typographical grounds.

E-1529F was issued, as the colophon states, in "Freyburg im Breyssgaw / durch Ioannem Fabrum Iuliacensum / Im

Iar. M. D. xxix." It has printed pages measuring approximately 3 1/2 x 5 inches (9.1 x 12.8 cm.). After 20 preliminary leaves, the regular numeration goes from 1 through 388 for Matthew through Revelation. Then follows a section utilizing a new numbering according to signatures. This section contains the glosses, occupying 24 leaves (signatures A, B, and C). These glosses are followed by the postface material, including the colophon, on 4 leaves (signature D).

Indeed, the strikingly unique feature of E-1529F is its removal of the glosses from the main text and appending them in the separate section at the close of the work. These glosses are now noted in the main text only by marginal "cross-references." (See Plates B-77 and B-82 through B-84 for illustration of pages containing main text, and B-78 through B-80 for pages containing glosses.)

Woodcuts to the book of Revelation are lacking in E-1529F, somewhat out of style with editions of Emser's New Testament appearing up to this time; but E-1532T would be dropping them out too, as we have already seen. The small woodcut on the title-page of E-1529F is, however, repeated twice within the publication.

In 1534, Faber printed a further edition of Emser's New Testament, following somewhat the format of E-1529F. Perhaps the most noticeable change from E-1529F is the return of the glosses once again to the main text (in italics somewhat after the fashion of E-1528L). The size of the printed page of E-1534F is about 3 3/8 x 5 inches (8.6 x 12.7 cm.). Aside from unnumbered preliminary and concluding leaves, this edition contains some 407 numbered leaves. Its preliminary and concluding materials parallel those in most of the earlier Emserian editions.

EDITIONS SUBSEQUENT TO E-1534F

In his monumental research, G. W. Panzer located six sixteenth-century editions of Emser's New Testament subsequent to E-1534F—aside, of course, from those that were incorporated into Dietenberger's Bible (which too appeared in multiple editions during the sixteenth century). These six are, namely, three further Faber editions in Freiburg (1535, 1539, and 1541), two editions printed by Maternus Cholinus in Cologne (1573 and 1583), and an edition printed by Johann Creutziger (with publisher as Wilhelm Bischoff) in Neyss (1571).[9]

My own investigation indicates that to these six must now be added at least four others (though my listing may also need upward revision): one further edition from Freiburg (1551) and three further ones from Cologne (1568, 1587, and 1589).

All of the sixteenth-century editions subsequent to E-1532T were in octavo format, a handy size for popular use. And the repeated printings do indeed testify to the fact that Emser's version enjoyed a continuing popularity. In fact, the seventeenth and eighteenth centuries, too, witnessed the issuing of a considerable number of further editions of Emser's New Testament, the majority of them being printed in Cologne by various printers.

Chapter 4

JOHANNES DIETENBERGER'S TRANSLATION

Part of the story of Johannes Dietenberger's Bible translation has already been told in conjunction with the Emserian New Testament. As we have noted in the previous chapter, it is clear that Dietenberger was the reviser for E-1529C and its successor, E-1532T, and it is likely that he also did the earlier work of revision for E-1528L. It remains here to consider briefly the first and second editions of Dietenberger's complete Bible, printed in 1534 and 1540, and to say a word also about subsequent editions that appeared during the sixteenth century.[1]

NOTE: Concerning certain technical matters—such as designations herein of the size of the printed page in the 1534 and 1540 editions, the style used for transcribing text, etc.—, see the "Note" at the end of column 4 in Chapter 1, above. Also, it should be stated that both the general title-page and New-Testament title-page for the first Dietenberger edition appear in facsimile in Part B of this volume (Plates B-99 and B-100).

DIETENBERGER'S FIRST EDITION (D-1534)

Precisely when the thought emerged for Dietenberger to provide a translation of the entire Bible is not known. Surely the Catholic forces had become aware quite early of Luther's intent to extend his work of translation to the Old Testament, for the very year after the appearance of the September and December New Testaments, the Reformer's translation of the Pentateuch had appeared in print, followed in 1524 by two further sections—Joshua to Esther, and Job to Ecclesiastes. (Luther's complete Bible, with the Old Testament Apocrypha included, finally came from the press in 1534.)

In spite of the appearance of multiple editions of portions of the Old Testament in Luther's version during the 1520s, it appears that Catholics contented themselves during that decade with efforts to stem the tide of Luther's popular New Testament—first, as we have seen, by Emser's critiquing of it and then by his producing a Catholic New Testa-

ment. Dietenberger's entry into the picture does not appear to have occurred until after Emser's death in November, 1527; and then at first his work was evidently confined to the New Testament, as the reviser of Emser's translation. The earliest clear evidence that he had begun work as a translator of the whole Bible comes, in fact, from comments found in a letter to him from his friend, George Wicelius, dated November 28, 1532.[2]

Interestingly, toward the close of this letter, Wicelius ventures a brief piece of counsel that Dietenberger should not endeavor to follow too closely the "German translation" (that is, Luther's version), which, says Wicelius, is felicitous and clear, but "not without deceit." It is to be compared, he adds, with "Minerva's pig"! (The reference is to a classical phrase or anecdote mentioned by Erasmus in his *Adages*, and ridiculing the idea of an entirely unlearned person wishing to teach a highly educated individual.)

That Dietenberger was well qualified to undertake this work of Bible translation is obvious, as mentioned earlier, because of his background in biblical exegesis and because of his ability in the Greek, Hebrew, and Latin languages, as well as his fluency in German.[3] Much like Luther, he endeavored to put before the common people material that was intelligible to them, and he was ever conscious of the need for understandable German rather than a style that slavishly followed a Latin exemplar.

His basic text for the New Testament was Emser's translation, revised somewhat beyond what he had already produced as he made the revisions for E-1529C and E-1532T.[4] For the Old Testament, he apparently utilized one of the medieval Catholic Bibles (and perhaps parts of Luther's Old Testament translation) as well as the Latin Vulgate. Hermann Wedewer has made some interesting textual comparisons of the various German editions (the Anton Koberger Bible of 1483 is the text chosen for the pre-Lutheran version), and immediately below are reproduced those which he has presented for his probe of the Old Testament translation.[5]

I. Reg. Cap. XIII. 1—13.

IX. Bibel. (Koberger 1483.)	Luther.	Dietenberger.
Saul was eyn sun eynes iars. da er anfieng zu regiren. uñ regiret zwey iar vber israhel. Und saul erwelet im dreytausent von israhel. Und es warn mit saul zweytausent in machmas und an dem berg bethel. und tausent mit ionatha in gabaa beniamin. Aber alles ander volck ließ er ein yegklichs in seinen tabernacsel. Und ionathas schlug die schickung der philistiner. die da was in gabaa. Und da das hatten gehöret dy philistiner. saul sang mit dem horn in allem land sagend. das sullen hören die hebreyschen. Und alles israhel höret das geschrey. saul hat geschlagen das gelager der philistiner. Und israhel richtet sich auf wider dy philistiner. Darumb das volck ruft nach saul in galgala. und die philistiner sameten sich zustreiten wider israhel dreissig=tausent wagen und sechtztausent reiter. Und der ander böfel. was in der meng als der sand. der da ist an dem gestatt des meeres. Sy stigen auff und setzten dy gezeld in machmas. zu dem aufgang bethaven. Do das sahen die sün israhel. das sie warn in die enge geleget. wenn das volck ward gepeyniget. und verburgen sich in den gruben und in den höhlen und in den steinen. und in den klüften und in den cistern. Aber die hebreer durchgiengen den iordan in die erden gad und galaad. Und da noch saul was in galgala. alles volck das im nachvolgt. was erschrocken. Und harret siben tag nach gefallen	Saul war ein jar König gewesen, vnd da er zwey jar vber Israel regiert hatte, erwelet er jm drey tausent Man aus Israel, zwey tausent waren mit Saul zu Michmas, vnd auff dem gebirge BethEl vnd ein tausent mit Jonathan zu Gibea Ben Jamin, das andere Volck aber ließ er gehen, einen jglichen in seine Hütten. Jonathan aber schlug die Philister in jrem Lager, die zu Gibea war, das kam fur die Philister. Vnd Saul ließ die Posaunen blasen im gantzen Land, vnd sagen, das lasst die Ebreer hören. Vnd gantz Israel höret sagen, Saul hat der Philister lager geschlagen, Denn Israel stanck fur den Philistern, Vnd alles volck schrey Saul nach gen Gilgal. Da versamleten sich die Philister zu streitten mit Israel, dreissig tausent Wagen, sechs tausent Reuter, vnd sonst Volck, so viel wie sand am rand des Meers, Vnd zogen er auff, vnd lagerten sich zu Michmas gegen morgen fur Beth Auen. Da das sahen die Menner Israel, das sie in nöten waren (denn dem Volck war bange) verkrochen sie sich in die höle vnd klüfften vnd felsen vnd löcher vnd gruben. Die Ebreer aber giengen vber den Jordan ins land Gad vnd Gilead. Saul aber war noch zu Gilgal, vnd alles volck ward hinder jm zag. Da harret er sieben tage, auff die zeit von Samuel bestimpt, Vnd da Samuel nicht kam gen Gilgal, zurstrewet sich das volck von jm. Da sprach Saul, Bringet mir her Brand	Saul war ein järig kind / do er anfing zu regieren / vnd zwey jar regieret er vber Israel / Vnnd erwelet jm drey tausent mañ auß Israel. Zwey tausent waren mit Saul zu Michmas / vñ auff dem gepirg BethEl vnd ein tausent mit Jonatha zu Gibea Ben Jamir. Das ander Volck aber ließ er gehen ein iglichen inn seine hütten. Jonathan aber schlug die Philister in jrer hut die zu Gibea war. Das kam für die Philister. Vnnd Saul ließ die Posaunen blasen im gantzen Land / vñ sagen. Laß die Ebreer hören. Vñ gantz Israel höret sagen. Saul hat der Philister hüt geschlagen / vnnd Israel macht sich auff wider die Philister / vnd alles volck schrey Saul nach gen Gilgal. Da versamleten sich die Philister zu streytten wider Israel / dreyssig tausent wägen / sechs tausent reutter / vnd sonst volck / so vil wie sand am vfer des meers. Vnd zohen herauff / vnd lägerten sich zu Michmas gegen morgen für Beth Auen. Da das sahen die menner Israel / dz jn vnglück auff dem hals war (deñ dz volck war in ängsten) verkrochen sie sich in die höle vnd klufften / vñ felsen / vnd löcher / vnnd brunnen. Die Ebreer aber giengen vber den Jordan ins sand Gad vñ Gilead. Saul aber war noch zu Gilgal / vnnd alles volck so jm folget / verzaget. Da wartet er syben tage auff die zeit von Samuel bestimpt. Vnd da Samuel nit kam gen Gilgal / zerstrewet sich dz volck von jm.
samuels. und samuel was nit in galgala. Vnd das volck viele von im. Darumb sprach saul. bringt mir das gantz opfer. und die fridsamen opfer. Und er opfert das gantz opfer. Und da er hatte erfüllet zeopfern das gantz opfer. Seht samuel kam. und saul gienge auß im entgegen. das er ihn grüßte. Und samuel redt zu im. Was hastu gethan. Saul antwurt. Da ich sah. Das das volck viel von mir ab. und du nit kamest nach den gesallen tagen. Und dye philistiim waren gesamelt in machmas. da sprach ich. Nun werden abgeen die philistiim zu mir in galgala. und ich hab nit gesanftmütiget das angesicht des herren. Bezwungen mit notturfft hab ich geopfert das gantz opfer dem herren. Und samuel sprach zu saul. Du hast gethan törlich. und hast nit behüt die gebot deines herren gottes. dye er dir hatt gebotten. Und wenn du es nit hettest gethan. so hett yetzund der herr bereyt dein reich ewiglich vber israhel. —	opffer vnd Dankopffer, Vnd er opffert Brandopffer. Als er aber das Brandopffer volendet hatte, sihe, da kam Samuel, da gieng Saul hinaus jm entgegen jn zu segenen. Samuel aber sprach, Was hastu gemacht? Saul antwortet, Ich sahe, das das Volck sich von mir zurstrewet, vnd du kamest nicht zu bestimpter Zeit vnd die Philister waren versamelt zu Michmas. Da sprach ich, Nu werden die Philister zu mir er ab komen gen Gilgal, vnd ich hab das angesicht des HERRN nicht erbeten, da wagt ichs, vnd opfferte Brandopffer. Samuel aber sprach zu Saul, Du hast thörlich gethan, vnd nicht gehalten des HERRN deines Gottes gebot, das er dir geboten hat, denn er hette dein Reich bestetiget vber Israel fur vnd fur.	Da sprach Saul. Bringet mir her brandopffer vnd fridopffer. Vnnd er opfferte brandopffer. Als er aber daß brandopffer vollendet hat / Sihe da kam Samuel. Da gieng Saul hinauß jm entgegē jn zu grüssen. Samuel aber sprach. Was hastu gethan? Saul antwort. Ich sahe daß das volck sich von mir zerstrewet / vnd du kamest nit zu rechter bestimpter zeyt / vnnd die Philister waren versamlet zu Michmas / da sprach ich. Nun werdē die Philister zu mir herabkomen gen Gilgal / vnd ich hab das angesicht des HERRN nit versünet / vnnd also durch no: gedrungen / hab ich das brandopffer dem HERREN geopffert. Samuel aber sprach zu Saul. Du hast thörlich gethan / vnd nit gehalten des HERREN deines Gottes gebott / daß ich dir gebotten hab / vnnd weiß du solchs nit gethan hettest / so het der HERR dein reych gefertiget vber Israel fur vñ fur.

It remains now only to say a few words regarding the format and general description of D-1534. This volume is a large folio publication, with printed page measuring some 8 1/2 x 11 inches (21.6 x 28 cm.) for pages with full complement of marginal notations. The publication has title-pages both for the whole work and for the New Testament (see Plates B-99 and B-100). Neither of these title-pages carries a number, but the general title-page is the first in a series of four unnumbered leaves, whereas the New Testament title-page is the recto of leaf CCCCXLV in the regular numbering sequence. The verso of the general title-page is blank, but the verso of the New Testament title-page contains Jerome's foreword to the four evangelists and the foreword to the Gospel of Matthew.

The preliminaries contain Dietenberger's dedication to Archbishop Albrecht of Mainz, a listing of the Bible books, a poetic address to the reader, and the translator's foreword. The regular numbering begins with I at the beginning of Genesis and continues through CCCCXLIIIIr for the Old

Testament. The New Testament appears on folios CCCCXLVI*r* through CCCCCLXXVIII*r*, with the author's brief "Dancksagung" (in the form of a prayer) also on CCCCCLXXVIII*r*. The colophon is on the verso of that same leaf, within a decorative border (see Plate B-102). Four unnumbered leaves follow. They contain the register of epistles and gospels for the Church Year, a postface to the reader, and a list of errata that concludes on the recto of the fourth leaf.

The biblical text is arranged in two-column format (see the example in Plate B-101). Aside from the woodcut on the title-page, which includes depiction of Archbishop Albrecht of Mainz and other persons, and the further woodcut borders for the New Testament title-page and the colophon page, there are some 109 woodcut pictures illustrating the biblical text. Those to the book of Revelation are the work of Anton von Worms, and for the most part the others appear to be woodcuts by Hans Sebald Beham.

DIETENBERGER'S SECOND EDITION (D-1540)

Although Dietenberger died in 1537, he did have opportunity to revise his Bible translation; and the title-page for the second edition indicates clearly that this publication of Johannes Dietenberger was "corrected and improved during his lifetime." The date of publication is also indicated on the title-page as being the month of August in 1540. The colophon adds the information that Herones Alopecius in Cologne was the printer.

It is a curious fact that John Eck found fault with Dietenberger's first edition. Eck's Bible appeared on June 2, 1537, several months before Dietenberger's death; and in it Eck made reference to "some true children of the church" who had disgraced their Bible with unsupportable additions and had not given the names in the Bible as the apostles, evangelists, and founders of the church, but had baptized "Chava, Hanoch, Ham, Lea," et cetera. The reference was undoubtedly to Dietenberger's Bible, and to this criticism Dietenberger now responded in some materials which he added to his dedication to Archbishop Albrecht. Dietenberger complains that the lack of skill on the part of the printer for his first edition had caused the omission of Latin proper names that he had placed in the margins (in the text he had utilized the Hebrew names). Some readers, he declared, could not move beyond the "old porridge" which they had eaten in the days of their childhood, no matter "how true, how good, and how correct" the new might be. Therefore, in order to serve "such childish people" and bring about "that no one could find fault with this excellent divine work," he has in his second edition returned to common usage within the

text, and has placed the Hebrew proper-name pronunciations in the margins.

As for physical description, this new edition too carries the biblical text in two-column format. Its printed pages are somewhat smaller than those in the first edition, being approximately 6 3/4 x 10 1/4 inches (17 x 26 cm.). Again there are 4 preliminary leaves, and these are followed by numbered leaves I through CCCCCIIII*r* for the text of the Old Testament. As in D-1534, there is a title-page for the New Testament, with the text of Matthew beginning on II*r* in a new sequence. In D-1540, the book of Revelation concludes on CXLVIII*v*, with the "Dancksasung [sic.] Authoris" on the same page. The preliminary and concluding materials in D-1540 are basically the same as those in D-1534.

LATER SIXTEENTH-CENTURY EDITIONS

Dietenberger did not, of course, have opportunity to give personal attention to further printings of his Bible beyond the second edition, and evidently no other individual took the sort of interest in revising his translation that he had manifested with respect to Emser's New Testament. Therefore the distinctive features among later Dietenberger editions were not so much with respect to the biblical text itself as in regard to matters of page size, foliation, typography, woodcuts, and the like.

During the sixteenth century, it appears that only two further editions subsequent to the first edition were printed in Mainz—in 1562 and 1600—, both being folio volumes. However, no fewer than nineteen editions beyond the second edition were printed in Cologne: in 1550, 1556, 1561, 1564, 1567, 1571, 1572, 1573, 1575, 1577, 1582, 1584, 1587, 1590, 1592, 1594, 1597, 1598, and 1600. All of these Cologne editions were folio publications, but those printed in 1564, 1571, 1575, 1584, 1592, and 1600 were exceptionally large folios. The 1550 edition was published by Johann Quentel, and the 1556 edition was put through the press by Johann Quentel's heirs. The general pattern for subsequent Cologne editions until 1600 was to refer to the printers/publishers as these same heirs plus "Gerwinus Calenius"; and finally, the edition of 1600 refers to "Arnold Quentel" in this role.

It should be added that publication of the Dietenberger Bible did not cease with the close of the sixteenth century. Indeed, no fewer than seventeen editions were printed as late as in the eighteenth century. In fact, during a period of some two and a half centuries beginning with the appearance of the first edition in 1534, a total of at least fifty-eight editions came from presses in various German cities, such as Mainz, Cologne, Würzburg, Nuremberg, and Augsburg.

Chapter 5

THE ECK, BERINGER, AND ROSTOCK VERSIONS

Besides the popular Emser New Testament and Dietenberger Bible, two further noteworthy Catholic High-German translations appeared during the decade from 1527 to 1537—John Eck's complete Bible of 1537, and the Gospel-Harmony-styled New Testament of Jacob Beringer in 1527. The former gained a fair degree of acceptance, with several subsequent editions issuing from the press during the sixteenth century. The latter seems virtually to have dropped from sight soon after its first appearance.

One Catholic Low-German Bible translation also was undertaken during this early period of Reformation-era Catholic Bibles. It was a New Testament based on Emser's text and produced by the Brethren of the Common Life in Rostock, but it was cut short at the end of the book of Acts because of interference by Protestant city authorities in Rostock.

A brief account of these High-German Bibles and of the Rostock Low-German New Testament will be given in the paragraphs that follow. In each case, only the first edition will be described (the Rostock New Testament appeared in only the one edition).

NOTE: Concerning certain technical matters—such as designations herein of the size of the printed page in the various editions, the style used for transcribing text, etc.—, see the "Note" at the end of column 4 in Chapter 1, above. Also, it should be stated that in the descriptions provided below, the titles of the three editions have not been included, inasmuch as their title-pages appear in facsimile in Part B of this volume. For convenience, the Plate numbers for these title-pages are indicated in connection with the headings for the sections devoted to the editions; and, furthermore, in the course of the discussion itself, there is indication, as well, of Plate numbers for various other pages appearing in facsimile in Part B.

THE ECK AND BERINGER VERSIONS

John Eck's Bible of 1537
(Title-page—Plate B-103)

Precisely when John Eck began work on his Bible translation is not known, nor is it entirely clear why he should have felt the need to add his own touch to the successful work of Jerome Emser and Johannes Dietenberger in producing Catholic German Bibles. It appears that the Dukes of Bavaria requested him to undertake the task, and that he entered upon it with some degree of reluctance and misgiving.[1] We must remember, of course, that editions of Luther's version were continuing to multiply, and that from the point of view of certain Catholic rulers, sufficient counter-activity had not yet been undertaken. Moreover, Eck's disenchantment with the 1534 Dietenberger Bible, a matter we have noted in our discussion of Dietenberger's second edition, may have been a strong contributing factor in leading him to attempt his own translation. One may justifiably come to such a conclusion from Eck's remarks in the dedicatory foreword to his Bible edition of 1537, where he declares that he is translating the Bible anew, "according to the literal sense" as universally "sung, read, used, and accepted by the holy Latin church."[2]

His obvious aim, thus, was for a *literal rendition* of the Vulgate—a matter in regard to which he could well feel that he might make improvement on Dietenberger. Whatever this procedure might have gained him from a Catholic point of view (if it really gained him anything), was evidently more than lost from the standpoint of general readability and felicity of his German style—and in acceptability of his Bible version to its potential readership.[3] Although several further editions of Eck's version appeared during the sixteenth century, this Bible never seems to have gained a popularity among the masses that came anywhere close to matching that of Dietenberger's translation.[4]

But Eck's Bible was by no means a translation *directly* from the Vulgate. Like his Catholic predecessors, he had used German Bibles already in hand, and had utilized the Vulgate to assure a sound Catholic rendition. His New Testament, he points out in his foreword, is based on Emser, and the Old Testament is based on the "old Nuremberg and Augsburg" editions. The Nuremberg edition is obviously that of Anton Koberger from 1483, one of the most popular of the pre-Lutheran German Bibles. But which Augsburg Bible or Bibles did he use—a Zainer edition, the Hans Otmar Bible, the Silvan Otmar Bible (see my list of the pre-Lutheran Bibles in Chapter 1 above)? Although this matter is not clear, an answer to the question is not crucial, inasmuch as these early High-German Bibles contain the same basic text.

Eck apparently completed work on his translation toward the end of the year 1536, for the dedicatory preface is dated at Ingolstadt on the last day of November in that year. The book was published, as the colophon states, on June 2, 1537, by "Görg krapffen Büchfierers von Ingoldstat." It is a large folio, with printed page measuring some 7 x 10 1/4 inches (17.8 x 26 cm.).

The numbering of leaves divides this particular Bible edition into three main parts: (1) Including the title-page, there are six preliminary leaves; and these are followed by numbered leaves I-CCLXXXII*v*, for Genesis through Job. (2) Numbered leaves I-CCXVI*r* carry the biblical text from Psalms through 2 Maccabees (the verso of CCXVI is blank). (3) The title-page for the New Testament and a note to the reader occupy the recto and verso of a leaf bearing no number, but which is reckoned as the first leaf of the third part. The numbered leaves of this part are II*r*-CXXIX*v*, for Matthew through Revelation, with the colophon also appearing on CXXIX*v*. Then follow 3 Maccabees and the apocryphal epistle of Paul to the Laodiceans on 6 unnumbered leaves, which are indicated as signature ZZz. (For facsimiles of the title-page and several other pages from this Bible, see Plates B-103 through B-106).

As mentioned earlier, several further editions of the Eck Bible are known to have been printed during the sixteenth century (for example, in the years 1550, 1558, 1561, 1564, and 1567), characteristically issued in Ingolstadt by Alexander and Samuel Weissenhorn.

The Beringer New Testament of 1527
(Title-page—Plate B-111)

In the year when Emser's first edition of the New Testament was published, there appeared also a quite fascinating Catholic German New Testament whose four gospels were cast into the form of a "Gospel Harmony." This New Testament, whose text was evidently based on Luther's version, was that of Jacob Beringer—printed in Strassburg and bearing the publication date of Christmas eve, 1527, as stated in the colophon, quoted below. Its title-page indicates, however, that Beringer had completed the work in Speyer in 1526.

This edition is a folio volume with printed pages measuring up to some 6 x 9 1/4 inches (15.2 x 23.5 cm.). The numbering of the leaves includes the title-page, with the text of Matthew beginning on XII*r* and Revelation concluding on CCXXVI*v*. Both sides of one further numbered leaf contain several brief items, including the colophon: "Vnd is diss buch gedruckt / in herr Jacob Beringers kosten / Zu Strassburg /von Johannis Grienigern / vff den Christ abent / am dem. M. D. vnd. xxvij. Jar."

This particular version was far overshadowed by the Emser and Dietenberger Bibles, and it appears that within a few years the Beringer New Testament had become more or less of a "dead letter" or "historical relic" in the world of Catholic Bible production.

THE ROSTOCK LOW-GERMAN NEW TESTAMENT
(Title-page—Plate B-107)

In our earlier discussion of Luther's attitude toward Emser's German New Testament, we took notice of two letters penned by the Reformer in November, 1529—one to his own prince, the Elector John of Ernestine Saxony, and the other to Duke Henry V of Mecklenburg.[5] Those letters were written in an effort to stop work which Luther had heard that the Rostock Brethren of the Common Life had undertaken in printing a Low-German edition of the Emserian New Testament.

Luther's letter to Duke Henry reached its destination by December 18, and the Duke, in turn, addressed on that date a communication of his own to the Rostock city council. In his letter, Duke Henry mentions having received report from reliable places that the Brethren of St. Michael have a New Testament at press. This, though of itself not capable of doing much harm, contains various glosses, annotations and many additions, which not only would bring no profitable fruitage, but might result in ruinous damage. Thus, to "us . . . as authorities" it is objectionable and not allowable. And therefore the Duke desires that the council will earnestly bring about cessation of the Brethren's printing venture and recall any copies of the said New Testament which may already have been circulated.[6]

At this time Dr. John Oldendorp, a man highly favorable to the Reformation, was syndic of Rostock. Moreover, he exercised a profound influence on the city council, which was itself rather Protestantly inclined. It was almost a matter of course, then, that Duke Henry's request would receive immediate and favorable attention. The Rostock Brethren suddenly found themselves forbidden by the council to proceed further in their plans for a Low-German edition of the Emserian New Testament.

But the Brethren did not give up their undertaking without a struggle. The rector of their house, Martin Hilleman, sent the printer John Holt to Duke Albert VII, co-ruler of Mecklenburg. The purpose of this trip was, apparently, to secure help from Albert to get the restraining order rescinded. But any hopes the Brethren may have had along this line were doomed to disappointment, for the restraining order remained in effect.

Holt's trip was not entirely in vain, however. Apparently his stay at the court of Albert bolstered his courage by furnishing him with some information concerning a thrust planned against Oldendorp. And in this connection it is interesting to notice that some time later, on October 7, 1533, Duke Albert himself went so far as to order the city council of Rostock to arrest Oldendorp as an insurrectionist. But this later event and the confusion which must have arisen in connection with it did not come in time to be of help to the Rostock Brethren.

Holt, upon his return home from the court of Albert, proceeded with the publication of the Low-German Emserian New Testament. Apparently the Brethren had decided to publish this work—restraining order or not! But their activities could not long be kept secret. And when the city council learned of the Brethren's non-compliance with its ruling,

Holt was imprisoned and Hilleman placed under confinement in the Brethren house. Release for these two men was secured only by their sworn statement never again to do anything contrary to the wishes of the city council.[7]

Thus ended the plan for a Low-German translation of Emser's Testament. The time of its final interruption was undoubtedly in the earlier part of 1532, for the sworn statement by Hilleman and Holt was dated on June 28 of that year.[8]

Apparently the Rostock Brethren had not had opportunity to carry their work any further than the Book of Acts, where the text of the extant copies ends. Moreover, whatever copies of even this abbreviated New Testament did get into circulation seem to have been confiscated and destroyed, as far as this was possible.[9]

The Rostock New Testament was an Emserian edition, as its title-page indicates (see Plate B-107), and as a comparison of its text with that of the Emserian High-German editions will verify. But the Rostock Brethren by no means restricted themselves to an Emserian prototype. They used other German versions as well. And an amazing fact is that among those German versions was a Low-German edition of Luther's own translation. Indeed, they made surprisingly free use of this Lutheran edition, revising their Catholic source in numerous places by preferring Lutheran readings to Emserian ones.

One very tell-tale indication of their procedure occurs in the chapter summary for Matthew 5. Here they began using the summary of an Emserian edition and suddenly switched to that of the Low-German Lutheran edition, as the following parallel columns will reveal (the Emser edition they used was evidently E-1529L, and the Lutheran edition was one printed by J. Loersfels in Erfurt in 1526):[10]

Rostock	Emser	Luther, 1526
Sūma Van den salicheyden / dem Solte / licht / vnde der lüchten Dat he nicht kamen sy de ee tho brekende / sunder to vorfüllende / dat men myt synem negesten nicht schall twedrachtich syn / nicht to eebrekende / nicht tho vorlatēde syne hussfrouwen / sünder vm̄e de eebrekerye / nicht to swerende / vnrecht düldichliken to lydende. De vyende ock to beleuende.	Sūma Von den seligkeyten dem Saltz / Liecht / vn̄ der Lucern / wie das gesetz nicht aufzulosen / wider den nechsten nicht zu zornen / vnd vnkeuscheyt verbottē sey / vō den scheydbricken / vō Leystung der gelubd / vnd abstellung der selbrachung.	Summa des vöfften Capittels Van menniger-leye ärt der selicheyt / Dat he nicht gekamen sy / de ee to brekende / sünder to vorvullende / Dat me mit synem negesten nicht schal twedrachtich syn / Nicht tho eebrekende / Nicht tho vorlatēde syne huessfrouwē / sünder vm̄e der ebrekereye / Nicht to swerende / Vnrecht düldichlikē to lydende / De vyende ock tho beleuende.

It is a curious fact that the Rostock Brethren in their production of a Catholic Bible were, in a certain sense, reversing Emser's procedure. Emser's task, as we have seen, was that of providing a new Catholic German Bible translation; and he may have felt a necessity to use Luther's version in order to secure a popular rendition. The Brethren, on the other hand, already had a rather popular Catholic translation—Emser's, which they expressly declared to be their source. Moreover, what Emser seems to have been doing, as we noted earlier, was to "correct" the existing Lutheran text according to the Vulgate and Catholic interpretation. On the other hand, what the Brethren seem to have been doing was precisely the opposite: they were "correcting" the now-existent and quite popular Catholic translation by reference to Luther's version! This is an unusual situation indeed.

We must not, however, think that the Rostock New Testament was a Lutheran version. It was far from that. Though it did rather freely incorporate Lutheran readings, its text was still basically Emserian—especially in the disputed points called to attention by Emser in his *Auss was gründ* and *Annotationes*. The lengthy "annotations" of the 1529 Cologne edition were not adopted, but marginal notation as to Lutheran readings and the place in *Annotationes* where Emser had attacked such readings was presented in the style of the Leipzig editions. Perhaps even more significant to notice is the fact that the glosses so obnoxious to Luther were retained. There can be little doubt but that the Rostock Brethren intended their translation to be a Catholic version.

It remains now only to provide a brief overview of the format and contents of this Rostock edition. It is an octavo volume with printed page measuring some 3 3/8 x 4 3/4 inches (8.8 x 12.1 cm.). After 16 preliminary leaves, the biblical text from Matthew through the end of Acts is provided on leaves numbered from 1 to 248. The work, as we have already noted, was cut short at the end of the Book of Acts, though undoubtedly the original intention had been to produce a complete New Testament. The page style in the main text is very similar to that of the 1528 and 1529 Leipzig editions, with much of the margin space taken up with various kinds of notes similar to the ones in those High-German editions.

The preliminary leaves contain the title-page, the Emserian epitaph, a foreword explaining the contents, Duke George's "privilege" or authorization for the 1527 edition of Emser's New Testament, and the list of differences to be found in two editions of Luther's New Testament. According to the foreword, however, there should have been three further items that are not included—Duke George's authorization for the second edition of Emser's New Testament, the register of gospels and epistles for the Church Year, and Jerome's introduction to the four gospel writers and gospels. Evidence is not available that would enable us to draw conclusions as to the reason for these omissions—whether, for instance, the particular materials were not printed, or whether they simply are not extant.

NOTES TO THE CHAPTERS

AND

BIBLIOGRAPHICAL ADDENDUM

NOTE TO CHAPTER 1

[1]M. Reu, *Luther's German Bible* (Columbus, Ohio, 1934), pp. 3-4, 65-66, discusses some of Luther's more poignant remarks reported in the "Table Talks" (such as, "Thirty years ago no one read the Bible," "Under the papacy the Bible was unknown to the people," etc.; see, e.g., Weimar ed., *Tischreden*, 2:129, no. 1552; 3: 23-24, no. 2844b; 3:598, no. 3767), as well as the Reformer's statement in his 1527 comment on Zechariah 8:18-19 to the effect that Scripture "was despised" (cf. Weimar ed., 23:606: "wie bisher bey yhn die schrifft unter der banck gelegen ist"). Reu also indicates (pp. 73-74) some six factors which he feels are especially weighty in considering Luther's attitude, including the fact that medieval German translations were based on the Vulgate, earlier translators lacked proficiency in languages and as exegetes, those translators did not give the impression of "having lived themselves into the spirit of the Bible," etc.

NOTES TO CHAPTER 2

[1]There is confusion as to the day of the month from Emser's own writings, and other dates which have been suggested are March 20 and March 28 (see, e.g., *Encycl. Brit.*, 11th ed., 9:362, and 1956 ed., 8:416; *Encycl. Amer.*, 1957 ed., 10:310; *Twent. Cent. Encycl. of Rel. Knowl.*, 1:380; Gustav Kawerau, "Hieronymus Emser," *Schriften des Vereins für Reformationsgeschichte*, no. 61 [Halle/ Saale, 1898], p. 1).

As for the year of Emser's birth, he was in his fiftieth year when he died in November 1527 (see the "Emserian Epitaph" reproduced herein as Plate B-39), but this information leaves us with two possibilities for reckoning back to the year of his birth.

[2]The source is Emser's *Wid' das unchristenliche buch martini Luters Augustiners / an den Tewtschen Adel ausgangen* (Leipzig, 1521); see in Ludwig Enders, *Luther und Emser. Ihre Streitschriften aus dem Jahre 1521*, Part 1 (Halle/Saale, 1890), p. 129.

[3]The source is Emser's *Quadruplica auff Luters Jungst gethane antwurt sein reformation belangend*; see in Enders, Part 2 (Halle/ Saale, 1892), p. 179.

[4]I have treated these matters at some length in my *Reformation Bibles in the Crossfire* (Ann Arbor, Mich., 1961), pp. 39-60.

[5]The most authoritative and thorough biography of Dietenberger still remains Hermann Wedewer, *Johannes Dietenberger, 1475-1537. Sein Leben und Wirken* (Freiburg i. B., 1888; reprint ed., Nieuwkoop, 1967).

[6]Ibid., p. 141.

[7]The literature on John Eck is extensive, but one of the most thoroughgoing treatments remains that of Theodor Wiedemann, *Dr. Johann Eck, Professor der Theologie an der Universität Ingolstadt* (Regensburg, 1865).

[8]The first comprehensive, and still basic, treatment in English of the *Devotio Moderna* is that of Albert Hyma, *The Christian Renaissance: A History of the Devotio Moderna* (Grand Rapids, Mich., 1924; 2nd ed., enlarged, Hamden, Conn., 1955), though there are a number of other important works on this movement, such as A. Hyma, *The Brethren of the Common Life* (Grand Rapids, Mich., 1950); R. R. Post, *De Moderne Devotie* (Amsterdam, 1950); and Post, *The Modern Devotion* (Leiden, 1968).

The Rostock house of the Brethren of the Common Life has been treated by William M. Landeen in "The *Devotio Moderna* in Germany (Part IV)," *Research Studies of the State College of Washington*, 22 (1954): 57-71. Landeen's four-part series in that journal constitutes the most extensive and thorough treatment available on the topic of the Devotio Moderna's spread into and within the German lands (see 19 [1951]: 162-202, 221-253; 21 [1953]: 275-309; and 22 [1954]: 57-75). Also useful on this topic is a dissertation by B. Windeck, *Die Anfänge der Brüder vom gemeinsamen Leben in Deutschland* (Bonn, 1951).

For information on the printing activities of the Rostock Brethren house, see Carl Meltz, "Die Drucke der Michaelisbrüder zu Rostock 1476 bis 1530," *Wissenschaftliche Zeitschrift der Universität Rostock*, 5 (1955/56): 229-262.

[9]See, e.g., Albert Hyma, *Renaissance to Reformation*, 2nd ed. (Grand Rapids, Mich., 1955), pp. 349-354; and Kenneth A. Strand, "John Calvin and the Brethren of the Common Life," *Andrews University Seminary Studies* 13 (1975): 67-78.

[10]Information on the printing activities is available in my chapter on "The Brethren of the Common Life and Fifteenth-Century Printing: A Brief Survey," in Kenneth A. Strand., ed., *The Dawn of Modern Civilization: Studies in Renaissance, Reformation and Other Topics Presented to Honor Albert Hyma*, 2nd ed. (Ann Arbor, Mich., 1964), pp. 341-355 (reprinted in K. A. Strand, ed., *Essays on the Northern Renaissance* [Ann Arbor, Mich., 1968], pp. 51-64).

NOTES TO CHAPTER 3

[1]In Strand, *Reformation Bibles in the Crossfire*, pp. 61-88, the editions of 1527 through 1529, except for E-1528C, have already been given some attention. For E-1527 and E-1528L the treatment is fairly extensive, the present discussion utilizing and paralleling it. However, the illustrative facsimile plates in the present publication for those two Emserian editions—over forty plates in all—far exceed the nine which appear in my earlier publication.

The subsequent editions described herein—E-1532T and E-1534F—were beyond the scope of my treatment in *Reformation Bibles in the Crossfire*. So also was any mention of the later sixteenth-century editions noted at the end of this chapter.

[2]Kawerau, p. 70.

[3]These are drawn from among the more extensive examples given in the Appendix to my *Reformation Bibles in the Crossfire*, pp. 101-110.

[4]These letters appear in the Weimar-Ausgabe of Luther's works, *Briefwechsel* 5: 183-184, 187-188 (nos. 1497 and 1499).

[5]The mention of "straw-letters" is undoubtedly in reference to a statement made by Luther in one of the prefatory sections to his September Bible; namely, that the epistle of James is "a straw epistle" in comparison with the Gospel of John and John's first epistle, Paul's epistles (especially Romans), and the first epistle of Peter.

[6]Kawerau, p. 71.

[7]For details, see Kenneth A. Strand, *Early Low German Bibles: The Story of Four Pre-Lutheran Editions* (Grand Rapids, Mich., 1967), p. 28.

[8]E.g., Wedewer, p. 161.

[9]See Georg Wolfgang Panzer, *Versuch einer kurzen Geschichte der römisch-catholischen deutschen Bibelübersetzung* (Nuremberg, 1781; reprinted with three other titles by Panzer in *Alte deutsche Bibelausgaben* [Leipzig, 1971], pp. 69-73).

NOTES TO CHAPTER 4

[1]Information is furnished by Panzer, pp. 74-111, and Wedewer, pp. 163-197. An especially useful listing of editions of Dietenberger's Bible is provided in Wedewer's "Bibliographisches Verzeichniss," pp. 470-477.

[2]The text of the letter is provided by Wedewer, pp. 165-166, n. 22.

[3]Evidence is given for this by Wedewer in his chapter on Dietenberger's Bible translation (pp. 147-197) and in the probes from Dietenberger's writings which Wedewer furnishes in Part II of his volume (see especially pp. 221-416).

[4]Wedewer, p. 472, provides a list of word changes in these editions (as compared with E-1527 and with one another), taken from three Bible chapters: Matthew 2, Mark 2, and Acts 1. The changes here represented are minimal, and are usually only orthographic in nature.

[5]Wedewer provides these Old Testament comparisons on pp. 179-182. He provides some New Testament ones on pp. 182-195.

NOTES TO CHAPTER 5

[1]See Wiedemann, p. 617. Wiedemann's somewhat detailed treatment of the Eck Bible is provided on pp. 615-627. See also Panzer, pp. 112-138, for a further fairly detailed treatment.

[2]Wiedemann, pp. 624-625, refers to a letter of Eck to Duke George, where the former also describes his Bible translational work.

[3]Wiedemann, p. 619, refers to Eck's Bible as "indisputably the worst of all Bible translations in German," and speaks of its language as "the poorest German which was printed in the sixteenth century."

[4]Neither Panzer nor Wiedemann seems to have known about more than half of the sixteenth-century Eck editions, but even the six which I have located (possibly not a complete census either) constitute a rather scant number compared with more than twenty Dietenberger editions known from the same time period. (Later in the main text, I provide dates for the sixteenth-century Eck editions subsequent to the first edition of 1537.)

[5]The Rostock Brethren of the Common Life and their Low-German Bible translation have been treated in my *A Reformation Paradox* (Ann Arbor, Mich., 1960), as well as more briefly in *Reformation Bibles in the Crossfire*. Discussion herein follows, in some sections, quite closely the material in the latter source, pp. 89-95, where further details and documentation may be found.

[6]The Duke's letter has been printed in Friedrich Jenssen, *Emsers Neues Testament, in niederdeutscher Übertragung* (Schwerin, 1933), pp. 6-7. Jensen found the original in the Rostock Stadtarchiv.

[7]The document in which they made their declaration is produced in full by Jenssen, pp. 8-10. Jenssen found the original in the Rostock Stadtarchiv.

[8]The date "1530" appears on the title-page of the Rostock New Testament itself (see Plate B-107); but this undoubtedly represents the date for the woodcut used rather than the year when the printing was completed, as has been indicated by Otto Leuze, "Ein doppelt denkwürdiges Neues Testament in der Bibelsammlung der Württembergischen Landesbibliothek in Stuttgart," *Besondere Beilage des Staats-Anzeigers für Württemberg*, No. 2 (1926), p. 33.

[9]The only complete copy extant today, as far as is known, is a bound volume in the State Library of Württemberg; and a nearly complete copy—a compilation gathered from various bindings by Wilhelm Walther—is located at the Special Collections division of the Joseph Regenstein Library of the University of Chicago. (The latter has numerous mutilated pages, as might be expected from its manner of origin.) There are also incomplete copies and fragments at several locations.

[10]From Kenneth A. Strand, "The Lutheran New Testament Used by the Rostock Brethren of the Common Life for their Catholic Bible Translation," *Archiv für Reformationsgeschichte*, 52 (1961): 100.

BIBLIOGRAPHICAL ADDENDUM

The most important works relating to the subject matter dealt with in the present publication have been called to attention in the notes above, and it remains here only to make a few further comments about several of the more comprehensive of these works and to add a few notations about several additional publications that may be of interest on corollary or ancillary matters.

Panzer (see n. 9 to Chap. 3) undoubtedly remains the standard treatment of Catholic German Bible editions up to his time (1781), but now needs revision and updating. Also, the information Panzer had on hand was obviously often incomplete or unclear. Nevertheless, his work is a useful starting point for the study of Catholic German Bibles of the sixteenth to eighteenth centuries. Beginning with Emser, the translators and/or translations he has treated are as follows: Emser, pp. 33-73; Dietenberger, pp. 74-111; Eck, pp. 112-138; Caspar Ulenberg, pp. 139-166; the Mainz Bible, pp. 167-188; and "newer" Bibles, pp. 189-196.

Wedewer (see n. 5 to Chap. 2) has updated Panzer considerably with respect to Dietenberger's work as a Bible translator, and has also enlarged the listing of sixteenth- to eighteenth-century editions. It should be mentioned that in addition to indicating 58 editions of the complete Dietenberger Bible from those centuries (see n. 3 to Chap. 4), Wedewer also provides brief notations regarding 14 editions of the New Testament (pp. 477-478), 14 editions of the Psalter (pp. 478-479), 6 editions of Sirach et al. (p. 479), and several manuscript copies of portions of Scripture (pp. 479-480). The New-Testament and Psalter listings include a few from the eighteenth century, and the latter also includes a doubtful entry from 1525. Otherwise the entries begin with 1559 for the New Testament, 1561 for Sirach, and 1586 for the Psalter. (The early Emserian New Testaments revised by Dietenberger, E-1529C and E-1532T, are not included.)

Unfortunately, Wiedemann (see n. 7 to Chap. 2) hardly goes beyond Panzer in his treatment of Eck's Bible, though his biographical information and his general survey of Eck's publications are comprehensive and useful.

Material on Emser is more scant and scattered, though Kawerau (see n. 1 to Chap. 2) gives substantial biographical treatment; and I have hitherto also sought to pull together, expand, and update certain materials relating to Emser and his New Testament (see especially the title referred to in n. 4 to Chap. 2). To be noted, as well, is Paul Mosen, *Hieronymus Emser, der Vorkämpfer Roms gegen die Reformation* (Inaugural-diss., Leipzig; Halle/Saale, 1890).

Although the linguistic aspects of the various editions have not been the subject of concern in the present volume, it is pertinent to mention here two German dissertations treating the Emser and Eck translations from this perspective: Georg Keferstein, *Der Lautstand in den Bibelübersetzungen von Emser und Eck aus den Jahren 1527 (1528) und 1537 in seinem Verhältnisse zur neuhochdeutschen Schriftsprache* (Diss. Jena; Jena, 1888); and Bernhard Lindmeyr, *Der Wortschatz in Luthers, Emsers und Ecks Übersetzung des "Neuen Testamentes"; ein Beitrag zur Geschichte der neuhochdeutschen Schriftsprache* (Diss. München; Strassburg, 1899).

Concerning other German translations, brief information (but nonetheless rather comprehensive) on the pre-Lutheran Catholic editions may be found in my two volumes mentioned in Chap. 1, and a vast amount of detail may be secured from the wide array of literature cited therein. On Luther's German Bible, the material available is, of course, massive. The Weimar edition volumes on *Die deutsche Bibel* alone provide a wealth of information. Reu (see n. 1 to Chap. 1) remains a particularly useful survey, and more recently I have endeavored to touch highlights in my "Historical Introduction" to *Luther's "September Bible" in Facsimile* (Ann Arbor, Mich., 1972). Certain special aspects of the subject, such as Luther's "translational style," have been given attention by Heinz Bluhm, *Martin Luther: Creative Translator* (St. Louis, Mo., 1965), a very insightful and helpful work. In closing, mention may also be made of a brief, interesting, and non-technical exploration of Luther's translation concepts or "rules" in comparison with present-day translation principles: John L. Bechtel, "The Modern Application of Martin Luther's *Open Letter on Translating*," *Andrews University Seminary Studies*, 11 (1978): 145-151.

PART B.   FACSIMILES

GENERAL INTRODUCTION

Some 112 pages from Reformation-era Bibles will be shown in facsimile herein—110 from various editions of Emser's New Testament and other Catholic Bibles discussed in Part A, and two from Lutheran editions (depicting in two forms a woodcut also appearing in Emser's first edition). Abbreviations used for the Emser, Dietenberger, and Eck editions are those used in Part A.

Emser's New Testament receives the major attention in that nearly 100 of the facsimiles are of pages from nine early Emserian editions of 1527 through 1534. This emphasis is given, not only because of the priority in time and the special significance of Emser's New Testament, but also because of the rich variety displayed in these early editions.

Several criteria influenced the selection of the pages reproduced from the various Bibles, such as the desirability (1) to include the title-pages of the main editions treated in Part A, (2) to furnish a fair sampling of the biblical text and the artistry of these editions, and (3) to provide an overview of the kinds of preliminary and concluding materials which these Bibles contain. Occasionally, corresponding pages of biblical text from different editions have been provided for convenience in making comparison; rarely, however, have preliminary and concluding materials been sampled from more than one edition—with the obvious exception of title-pages and several of the colophons. One particular Emserian edition has been utilized for illustrating quite extensively the preliminary and concluding materials of the Emserian New Testament—namely, E-1528L, the first of the Emserian editions to contain a rather full complement of such materials.

The pages shown in facsimile herein are from Bibles in a number of collections (noted below); and to the owners, trustees, and curators of these collections the writer wishes to express deep appreciation and gratitude.

The following abbreviations will be used for identification in connection with the Plates themselves. For convenience, indication is given here, as well, of the particular Bible editions and the Plate numbers for materials reproduced from the holdings of the respective collections.

ABS	*American Bible Society.* E-1534F and D-1534 (Plates 75, 85-88, 100-102)
Br.Mus.	*British Museum.* E-1527, E-1528L, E-1529L, and E-1529A (Plates 1-4, 9-11, 13-40, 57-64, 73, 76)
Cath.U.	*Catholic University of America Library.* Eck-1537 (Plates 103-106)
Harvard-H	*Harvard University Houghton Library.* E-1528C and E-1532T (Plates 12, 65-72, 95-98)
HEHL	*Henry E. Huntington Library.* Beringer New Testament (Plates 111, 112)
Newb.	*Newberry Library.* E-1528L (Plates 41-56)
NYPL	*New York Public Library, Rare Book Division.* E-1527 (Plates 7, 8)
U.Chi.	*University of Chicago Regenstein Library, Special Collections.* Rostock New Testament (Plates 107-110)
U.Pittsb.	*University of Pittsburgh Hillman Library, Special Collections.* E-1529C (Plates 89-94)
Yale-B	*Yale University Beinecke Library.* E-1529F (Plates 74, 77-84)

Note: A brief index to the Plates is given on the next page.

INDEX TO PLATES

NOTE: Most of the facsimiles herein approximate the actual size of the originals. For E-1528C, E-1529F, and E-1534F in Plates 65-72, 77-84, and 85-88, respectively, there is approximately 10% reduction. In cases of greater reduction, the words "substantially reduced size" appear in connection with the facsimiles themselves. It should be noted, in addition, that title pages and/or other pages from various of these Bibles contain some lines printed in red, though our reproductions are given only in black.

1. **E-1527**: Title-Page. *(Br.Mus.)*

2. E-1527: Woodcut Facing Half-Title, and Repeated on Leaf IIv. *(Br.Mus.)*

Joannis VI. fo. C.LXXVII.

Und do das lambe das funfft sigel aufftbet / sabe ich vn̄ der dem altar die seelen deren / die er würget waren vmb des worts Gottes willen/vn̄ vmb des zeugnis wöllen das sie hat tan/vn̄ sie schryen mit lauter stym̄ / vnd sprachen/Herr du heyliger vnd warhafftiger/ wie lang richtestu vnnd rechest nicht vnser blut / an deren / die auff der erden wonen? vn̄ ybn wurden geben/eyner iglichen eyn weysse stol/vnd ward zu̇ in gesagt/das sie ruheten noch eyn kleyne zeyt / bis das erfüllet wurden ybre mitknecht vnd brüder / die auch solten noch ertödtet werden/ gleych wie sie.

3 (Above). E-1527: Half-Title Page, substantially reduced size. (Br.Mus.)

4 (At Right). E-1527: Page with Woodcut for Sixth Seal of Revelation 6, substantially reduced size. (Br.Mus.)

5 & 6. **E-1527**: Woodcut to Revelation 11 in Luther's September Bible (no. 5) and in Luther's December Bible and E-1527 (no. 6; note the reduction of the triple crown), substantially reduced size. (From K. A. Strand, *Woodcuts to the Apocalypse in Dürer's Time*, Plates 43 & 44)

As buch der geburt Je
su Christi / des Sons Dauids /
des sons Abrahams.
Abraham hat geboꝛn Isaac / Isa
ac hat geboꝛn Jacob. Jacob hat
geboꝛn Judam vnd seine bꝛůder.
Judas hat geboꝛn Phares vñ Za
ram võ der Thamar. Phares hat
geboꝛn Esrom / Esrom hat gebo
ren Aram. Aram hat geboꝛn Ami
nadab . Aminadab hat geboren
Naasson / Naasson hat geboren
Salmon / Salmon hat geboren
Boos võ der Rahab. Boos hat
geboꝛn Obed aus ð Ruth. Obed
hat geboꝛn Jesse. Jesse hat gebo
ren Dauid den kōnig.

Dauid aber der kōnig / hat geboꝛn Salomon / aus deren die Vrie
gewest ist. Salomon hat geboren Roboam. Roboam hat geboren
Abiam. Abia hat geboꝛn Asa. Asa hat geboꝛn Josaphat. Josaphat
hat geboꝛn Joram . Joram hat geboꝛn Osiam. Osias hat geboren
Joatham. Joatham hat geboꝛn Achas. Achas hat geboꝛn Ezechi
am. Ezechias hat geboꝛn Manassen. Manasses hat geboꝛn Amon.
Amon hat geboꝛn Josiam. Josias hat geboꝛn Jechoniam vñ seine
bꝛůder in der Babylonischen gefencknis.

Vnd nach der Babylonischen gefencknis hat Jechonias geboꝛn
Salathiel. Salathiel hat geboꝛn Zoꝛobabel. Zoꝛobabel hat geboꝛn
Abiud. Abiud hat geboꝛn Eliachim. Eliachim hat geboꝛn Azoꝛ. Azoꝛ
hat geboꝛn Sadoch. Sadoch hat geboꝛn Achim. Achim hat ge
boꝛn Eliud. Eliud hat geboꝛn Eleazar. Eleazar hat geboꝛn Mathan
Mathan hat geboren Jacob. Jacob hat geboꝛen Joseph den man
Marie / võ wōlcher geboꝛn ist Jesus / der do genānt wirt Christus .

Also sint der gepurten aller / von Abraham biß auff Dauid vier
zehen gelide / võ Dauid bis auff die Babylonischen gefencknis vier
zehen gelide / von der Babylonischen gefencknis bis auff Christum
vierzcehen gelide. Aber die geburt Christi hellt sich dermassen.

Als Maria die mutter Jesu dem Joseph vertrawet war / Ehe
dann sie zusamen kamen / ist sie befunden schwanger von dem hey
ligē geiste / Joseph aber / yhꝛ man / nach dem er gerecht was / vñ sie
nicht wolt beruchtigen / gedacht er sie heimlich zuuerlassen . Do er
aber solichs bey yhm gedachte / sihe do erschine yhm der Engel des
Herren im schlaff / spꝛechende. Joseph du son Dauid / foꝛchte dich
nicht / zunehmen Mariam dein gemahel / Dann das / so in yhꝛ ge
boren / ist / von dem heyligen geiste. Vnd sie wirt geperen ein Son /
des namen solt du heissen Jesus / dann er wirt selig machen / seyn
volgk von yhren sunden.

Dis ist nhu alles geschehen / damit erfult wurde / das / so gesagt

a iij ist von

Left margin notes:
A
B
Lu.3. I

Die erste xiiij.

C
Die an ∫
dern, xiiij.

D
Die dꝛit
ten, xiiij.

E

F
Luce.1. I

Luce.2.c
Jhesus
ist auff
teutsch so
vil als
ein hey
lād oder
seligmas
cher.

G

Right column notes:
Wiewol die nachgenā
ten alle / Christus voꝛs
eldern gewest So wirt
er doch hie aleyn ge
nent ein son Dauids
vnd Abrahams / dar
umb das er disen zwe
en sonderlich / vnd mit
geschwoꝛnem eide vꝛ
heyschen ist / dem Da
uid Psal. 13 1. dē Abꝛa
ham Gene. 22.

Sanct Matheus lesset
etliche gelid aussen / vñ
furet Christus geschle
cht nach dē gesetz. Abeꝛ
sanct Lucas furet e
nach der natur võ Na
than Salmons bru
der / denn das gesetz
nennet auch die kinder
so von bꝛudern / auß
nachgelassenem weyb
geboꝛn sint Deut. 25.

(zusamen komen)
vorstehe mit ehelicher
beywonūng.

Beruchtigen
Also laut das kriechis
sche woꝛtlin παραδειϛ
γματισαι Aber im la
teyn stehet traducere
das heyst nit aleyn be
ruchtigen sonder auch
von einer stell zur an
dern furen / alß so'ei
ner seyn braut nhemet
vnd heymfurt / Derhal
ben die alten verdeut
scht haben Vnd wōlt
sie nit schemen.

Euangelion

ist von dr Herren durch den propheten/sprechende. Sihe ein Junck Jsaie.7.
fraw wirt im leyb haben vnd geperen ein son / vnd sein nham wirt
genennet Emanuel/das souiel gesagt ist/als Gott mit vns.

Do nu Joseph vom schlaff erwachte/thet er wie yhm der Engel
des Herren beuolhen hett / Nham seyn gemahel an/vnd erkennet
sie nit/bis das sie gebar yhren erstgebornen sone/vnnd hiesz seynen
nhamen Jesus.

Das ander Capitel.

O nhu Jesus geboren war zu Bethleem Jude/in den ta=
gen des königs Herodis/Sihe/da kamen die weysen võ
dem Morgenland gen Hierusalem/sprechende / Wo ist
der/der da ist gebon/ein könig der Juden? Dan wir ha
ben gesehen sein stern im Morgenland / vnd sein komen/yne anzu=
beten.

Da nu das höret der könig Herodes/ward er betrübet/vnd mit
yhm das gantz Hierusalem. Vnd versamelte alle hohe priester vnd
schrifftgelarten vnder dem volgk/vnd erforschete võ yhnen wo Chri
stus solte gebon werden / Vnd sie sagten ym/zu Bethleem Jude/
Dann also ist geschriben durch den propheten.Vnd du Bethleem/
du erde Juda/bist mit nichte die geringste/vnder den Fürsten Ju=
da / dann von dir wirt auszgehen der Hertzog / der da regiren soll
mein volgk Jsrahel.

Do vorderte Herodes die weysen heimlich/vnd erkundete vleys=
sig von yhnen die zeit des sterns der yhn erschinen wer/vnd weyset
sie gen Bethleem vnd sprach Zihet hyn vnd forschet vleyssig nach
dem kinde/ vnd so yhr das findet/so sagt mirs wider/auff das ich
auch komme/vnd es anbete.

Als sie nhu den könig gehort/zcogen sie hyn/ Vnd sihe/der stern
den sie im Morgenland gesehen hatten/gieng fur yhn hyn/bis das
er kam vnd stunde oben vber/do das kind war

Do sie nu den stern sahen/wurden sie hoch erfrewet / vnd gien=
gen in das haws/vñ funden das kind mit Maria seyner muter / vñ
fielen nyder/ vnd beten es an. Vnd sie thetten auff yhre schetze/op=
ferten yhm geschenck/gold/weyrach/vñ myrrhen. Vnd nach dem
sie vnderricht im schlaff empfange hatten/ das sie nit solten wider
zu Herodes kommen/zogen sie durch ein andern weg/wider heym
in yhr land.

Do sie nun hinweg waren/Sihe/ do erschine der Engel des her
ren dem Joseph im schlaff/vnd sprach/Stehe auff/ vnnd nym das
kindlin vnd seyn muter/vnd fleuch in Egyptenland / vñ bleyb aldo/
bis ich dir sage. Dann es ist vorhanden/ das Herodes das kindlin
suche/dasselb vmbzubringen/Vnd er stund auff/vnd nam das kind
lin vnd seyn muter/bey der nacht/vnd entweich in Egypten / vnnd
blib aldo / bis nach dem tod Herodis / auff das erfullet wurde /
das der Herr durch den Propheten gesagt hat/der da spricht.Auss
Egypten hab ich beruffen meynem sone.

Do nu Herodes sahe/das er von den weysen betrogen/ward er

seer

Jsaie.7.

Miche.5.
Jo.7.b.

Psal.71.

Osee.xi.
nuheri.24

8. E-1527: Continuation of Gospel of Matthew on Leaf IIIv. (NYPL)

Euangelion Marci. I. XXV.

Das erste Capitel.

Vorrede.

Der heylige Marcus / ist geborn im Ju=
dischen lande / aus dem priesterlichen stam Leui / vn getaufft
worden von sanct Petern / Der yn derhalbē seyn geystlichen
Son hiesse / vnd vn mit sich nham gen Rome / Aldo er auff
bit etlicher Abönet das Euangelion / wie er das vō seinem
meyster Petro gehort / auffs kurtzist beschribē / welchs auch
sind Petro bestetigt / vnd yhne darnach gen Alexandria in
Egipten land geschickt hat. Aldo er der erste Bischoff /
eyn söllich Christlich streng leben angericht / darjnnal
grösser abstinentz vnd heyligkeit / darjnnal befunn
an keynem ort der Christenheit befun
den worden dann zu Alexandria.
Wie das bezeuget Philo / vn
Eusebius / der es aus
Philone getzogen
hat.

9 & 10. E-1527: Facing Pages at Beginning of Gospel of Mark, substantially reduced size. *(Br.Mus.)*

Das New Testament.
So durch den hoech gelaerten Hieronymum Emser saeligen verteuscht , vnder des Durchlevchten Hochgebornen Fursten vnd herren Herren Georgen Hertzogen zu Sachssen, zc. auszge-
gangen ist.

. Anno. M. D. XXVIII.
In dem Euenmacht.

12. E-1528C: Title-Page. *(Harvard-H)*

11. E-1528L: Title-Page.
(Br.Mus.)

13. E-1529L: Title-Page. *(Br.Mus.)*

Matthei. III

Do er aber höret/das Archelaus ym Judisch
land regieret/an statt seyns vatters Herodis/
forchte er sich dohyn zukommen/Vnnd/wie er
ym schlaffer ynnert war/zoge er ynn die ortter
des Gallileischen landes/vnd kam vnnd wonet
in der stadt/die do heysset Nazareth/auff das
erfullet wurd/das do gesagt ist durch die Propheten/das er Nazareus sol genant werde.
Jud. 15.

¶ Glos (Nazareus) das ist so vil als heylig.

Das dritte Capitel.

✢ Summa: ✢

¶ Von dem leben Tauff vnd predig Johannis-auch wie der
getaufft Christus-von Gott gelobt worden ist.

JN den selbigen tage kam Joannes
der teuffer/vn prediget in der wuste des Judischen landes/Sprech
endt/L Thuet buß_J/dann das hy
melreych nahet sich/

Mat.1.a
Lu.3 a
Joh.1.J
Jsa.40
Mat.1.a

Lutter.
L Bessert
euch_J. An
nota: 10 A

¶ Glos (Thut bus) Merck disen anfang der
predig Joannis-das wir von aller erst buß thun mussen Vnd
hut dich vor den ketzern so die buß vud beycht verachten.
Denn diser ist/vo dem der Prophet Jsaias ge
sagt vnd gesprochen hat/Ein stym des ruffens
den in der wuste. Bereyttet den weg des Her
ren/machet richtig seyne steyge.

Johannes aber hatte eyn kleyd von Camel
haren/vnd ein riemen von eim fhelle vmb seyne lenden/Seyn speys war hewschrecken/ vnd
wild honig. ¶ Glos (Heuschrecken) Die sind anders
gestalt-dann vnsere heuschrecken-darumb man sie in etzli
Mat.1.c

A iiij chen

14. E-1528L: Page Showing Beginning of Matthew 3.
(Br.Mus.)

Euangelium

vnd ßhe hyn in das land Jsrael. Dann sie sint
gestorbe die dem kind nach dem leben trachteten/vnd er stund auff/vnd nham das kindlein/
vnd seyn mutter/vnd kam in das land Jsrael.
Do er aber höret/das Archelaus ym Judische
land regieret/ an stat seyns vatters Herodis /
forchte er sich dohyn zukommen/ Vnd/wie er
ym schlaffer ynnert war/zoge er yn die örtter
des Gallileischen landes/ vnd kam vnd wonet
in der stadt/ die do heyst Nazareth/ auff das
erfullet würd/ das do gesagt ist durch die Pro
pheten/das er Nazareus sol genant werde.
Jud. 13.

¶ Glos(Nazareus) das ist so vil als heylig

Das dritte Capitel.

¶ Suma J Vo dem leben Tauf vnd predig Joänis/
auch wie d getauft Christus/vo Gott gelobt worde ist.

IN den selbigen tagen kam Joannes der
teuffer/vnd prediget in der wuste des Ju
dische landes/Sprechend/L Thuet buß_J/daß
das hymelreych nahet sich/

Mar.1 a.
Lu.3 a
Johä.1.f
Jsa. 40.
Mar.1.a

Lutter.
(Bessererth
euch) Un=
no.12. B

Mat .1.c

¶ Glos(Thut bus) Merck disen anfang der predig
Joannia/das wir vo aller erst bus thun mussen/Vnd hut
dich vor den ketzern so die bus vnd beycht verachten.
Den diser ist/ vo dem der Prophet Jsaias ge
sagt vnd gesprochen hat/Ein stym des ruffens
den in der wuste.Bereyttet den weg des Her
ren/ machet richtig seyne steyge.

Joannes aber hatte eyn kleyd vo Camels
haren/ vnd ein riemen von eim felle vmb seyne
lenden/ Seyn speys war hewschrecken / vnd
wild honig.

¶ Glos (heuschrecke)Die sind anders gestalt/ daß vn
sere heuschrecken / Darumb man sie in etzlichen landen
pflegt zu essen/ wie sanct hieronymus schreybet. Andre
aber

15. E-1529L: Page Showing Beginning of Matthew 3.
(Br.Mus.)

Antzaigung was in die

sem Buch begriffen / wie solchs vnderschieden
vn dasselbige alles zusamen zusuchen/
Auch wie zuuornhemen ist.

Erstlich findestu die Vorred/ des Durchlauchten hochgebornen Fursten vnd Herren/
herrn Georgen Hertzoge zu Sachssen/ Land
grafen in Döringen/vn Maggraffen zu Meyß
sen.et cet.

Durch welche diesem buch tzirlicher schmuck
gegeben /Autoritet vnd glauben gereycht/ vn
die gantze itzt schwebende ketzerey/ darynnen
also geruget/das die auch der Lutterischen vn
anderer daraus entsprungen ketzereyen Sü
marium/nicht vnbillich/ genant wirt/Billich
auch sollen(nicht alleyne die vnderthanen dieses löblichen Furstenthumbs/Welche aus der
milden gnaden Gottes/durch diesen yren lan
deßfursten / vn herren vor diesen pestilentisch
en ketzereyen enthalte/Soder auch die außlen
der/die durch seiner F.G. vorkomug/der pew
rischen/vnd aus dem teych der Luterischen ke
tzerey außgeflossenen auffthur bey leyb vnnd
guther behalden/vnd ob Gott wil/ derselbige
auch viel von den schedlichen yrthumben vors
hüt/vnd apgewand worden sein/ Vnd sunder
lich die geystlichen vnd Closterlewt (die der
halben/das sie zu dem gebet dester geschickter
von dem zeytlichen abgesundert sein)vnserm
barmhertzigen Gott vnd vbergutigem Herre
mit hertzlicher danckbarkeyt/loben/vnd das er
(ij vns

16. E-1528L: First Page of "Antzaigung." (Br.Mus.)

vns denſelbigen/vnnd andere Chriſtliche fürſten/die gerne das böſe außroden/vñ das gute pflantzen/in dieſen ſarlichen vñ böſen zeyten/ym guthen ſtercken/vor dem böſen bewaren/vnd ihr zeytlich leben/den armen vnderthonen zuguth genedichlich friſten welte/Auff das wir in frid/eynickeyt vñ waren Chriſtlichen glawben bleyben/vnd entlich mit yhnen das erbe Chriſti (welchs den guten vorheyſchen/vñ den böſen abgeſaget iſt) erlangen vnd beſitzen möchten/Amen.

Volgend vñ zum andern/wirſtu finden das Priuilegium/ſo hochgedachter Furſt(vmb abwendung willen der fälſchen Text/vnd gloſſen itzt zur zeyt (Wie die falſchen groſchen vnd pfennig auff gerechte ſchlege gemüntzet) vnder/vnd in die warhaffſtē ſchrifft gemenget werden) Auff des Emſers ſeligen vordeutſchung des Teſtaments erſtracket/vnd zu diſem druck von newen genediglich gegeben hat.

Zum dritten volget eyn taffelin/darynnen man clar gegen eynnander vbergeſetzt vnd angetzeigt/an wie vil orthen vnnd in waſſer geſtalt der Lutter in ſeyn zweyen Teſtamenten die er nach eynnãder außgehen laſſen/den text vorandert/vnnd wirſt in der mitte der zweyen Columnen oder Reyen/des erſten vñ letzten drucks auff zweyen ſpaciē/in Linien begriffen Sonder in welchem Ewangeliſten oder Apoſtel/auch in welchem Capittel vñ paragrapho des Luthers Teſtament dieſelbige Contrauerſey/aber vmbkerung der ſynn vñ worther/gefunden wirth/vnd iſt nicht allein darumb geſetzt/
ſetzt/

ſetzt/das man ſein vnbeſtendickeyt daraus erlernen.Sonder ob er in den Annotaten/an eynem orth angefochten/ſo er das ander vortzu legē/vorſeinen/das man yhn mit dieſem vberweyſen möchte.

Zum vierdē wirt dir ein ander taffelin hart darnach begegenen/das zeyger allein an/Wo die Epiſtel vnd Euangelien/ſo man nach ordnung/der Chriſtenlichen kirchen/vnd ſonderlich/nach dem Römiſchen gebrawch. Das iar vber/in den göttlichen Ampten/ſingt vñ liſt An welchem ort/diſſes/vnd anderer Canoniſchen buchern/diſelbigen geſchriben/In welchē Taffelin/drey Columnen aber reygen ſeynn/Vber der Erſten ſteet geſchriben Epiſteln/vñ vber der letzten Euangelien.Aber in der mitte ſtehen die feſt vnd tag der heyligen/nacheynander/Wie die durch das iar hinaus gefallē An dem erſten Sontag des Aduents antzuheben/Vnd iſt gegen ydem tag vber(vnder welchen die feſt vñ die Sontag rott gedruckt ſein) Auff der lincken hand / In der erſten reiſten/wo nicht am anfang geſchriben ſteht/blat/ Die Epiſtel verzeychnet/die nicht in diſem. Sõder in den buchern des alten Teſtaments/An welchem Capittel vñ vnderſchid / geſchriben ſtet/ Aber an den Ortter die ſich anheben mit dem wort blat. Volgt bald darnach die zall/an welchem blat/dis büchlin die ſelbig Epiſtel/ mith eyner groben Schrifft am rand getzeychnet gefonden wirt.Auff der rechten hand aber in der letzten raſten/ſteht alweg die zall des blattes/ Auff welchem das Euangeliũ deſſelbigen tags
✝ iij   In maſſen

In maſſen wie die Epiſtel am rand getzeychnet/in dieſem buch geſchriben/ vnnd wo dieſelbigen auffgang do iſt/ein hendlih/das fürſich.Vnd wo das ende/do iſt/eins/das hinderſich weyſet.

Zum funfften / vnnd nach dem allem/facht an die Vorred/des heyligen Lehters Jheronymi/vnd volget ſo baldt darnach der Text / wie yhn Emßer ſeliger vordeutzſcht/vnd vor yedem Capittel Eyn Summariũ/welchs man noch bißher/In keynē dewtſchen Exemplar gehabt.Aber die glos ſo Emſer dartzu gemacht/ hat man alleuthalben/ in den Text gebracht/ auff die ortter vnd wörtter/ darauff ſie gehören/darneben auch am randt die Concordantz der ſchrifft/wie die zuuor auch angetzeyger geweſen/nicht auſſen gelaſſen/ vnd darbey etzliche gloßen vñ außlegung etzlicher wörtter mit angehangen/ dartzu entzwuſchen alwege angetzeygt wo der anfang eins yden Euangelij od der Epiſtel/wie es von der kirchen eingeſatzt/ vnd in oben angetzeygten teffleyn vormeldet/ vnnd vber das alles/ ſo offt am rand des Lutters namen (der doch ſunſt vnder die heyligē wörther zumengen nicht bequem fvortzeychent iſt. vnd dargegen vber im text/ wie es inn warheyt ſteen ſol/ In ſolcher zween ⌐   ⌐ Caracter gefaſſet vnnd gemerckt. So volget alweg darnach/wo/ vnnd wie er dem Text was enthnomen/oder zugethan/ odder wo er den gefelſcht/oder auch/durch vorfuriſche gloßen vorkert/vnd an welchem blat vnd paragrapho/der Emßer ſelig/daßſelbige in den Annotatione

ratſchongen oder gemerckten ſtellen/nach der lenge vnd mit warheyt verleget. Derſelbigen getrewen arbeyt er võ allen Chriſtenlichē leſern danck vnd vorbit gegen Gott billich zugewarten. Der yhenig aber/ſo dis Newe werck mit darlegung/koſt/mähe/vnd arbeyt gefurdert/ vnd zu werck getzogen hat/ begert nicht mehr dauon/dan das dieſelbigen leſer fur yhn vnnd die yhenigen ſo ihme dartzu geholffen haben/ den Almechtigen Gott vleyſſig bitten wellen Auff das er/vnnd ihr mit ihme / ſich nach dem heyligen Ewangelio richten/vnnd als wircker vnd nicht alleine hörer deßſelbigen/darnach leben. Das helffe vnns der/ohne welchs hulffe wir nichts vorbringen mögen/ Dem ſey lob/ Ehre/benedeyung vnd Jubilierung von ewig zu ewigk/ Amen.
(iij

Ir Georg von Gottes gnadenn Hertzog zu Sachssen/ Landgraue in Döringen/ vnnd marggraue zu Meyssenn/ Bekennen öffentlich vnd thuen kundt/ allen vñ itzlichen/ so diß vnser schrifft/ fürkommet/ itzt vnd zu ewigen getzeyten/ vnd gedechtnis disser sachen/ Das/ nach dem Martin Luther/ Weyland eyn Augustiner Mönch/ nicht gesettiget/ an seyner eygen verdamnis/ Szonder sich auch mitt hefftigem fleyß vnd ernst vnderstanden/ ander lewt sampt yhme zu gleycher verdamnis vnnd auff seyn Gottlose Sect abzufüren/ Wie er dañ in kurtzer frist/ nicht alleyn das arm eynfeltig vñ vnuerstendig gemeyne volck/ Szonder auch etzlich grosse Potentaten/ Communen/ vnd heupter der Teutschen Nation/ durch seyn gleyssende/ vñ ketzerische lehr/ predigt/ vnd schrifften/ eyngenömen vnd verleyt hatt. Szonderlich aber/ durch seyn vermessen Dolmatschung vber das gantze nawe Testament/ Welchs er wider die ordnung vñ inhalt/ der heyligen Christlichen Kirchen bewerten Textes/ gar an viel örten verkert/ zu vnd abgethan/ mit vergifften vnd ketzerischenn glossen berandet/ etzliche gantze bücher darauß verworffen/ vñ die canonischen schrifften der heyligen Aposteln/ mit schmelichen wortē/ als für ströwerin briue/ die da keyn Apostolisch ampt noch art in sich hielten/ verschumpfirt vnd getadelt hat/ damith er alleyn seyn fürnehmen vnd Gotlose lehr/ vnder dem scheyn

scheyn des Ewangelions vnd wort Gottes bementeln/ vnnd den lewten dester baß beybringen vnd authorisirn möchte/ Wie dann sollich seyn verkorte Dolmatschung/ in vil tausent exemplar/ kleyn vñ grosser forme gedruckt/ dem gemeynen man/ für das rechtschaffen Ewangelion vnd wort Gottes eyngebildet/ vnd dafür geprediget/ gelesen/ vnd gehalten worden/ dardurch manich from eynfeltigk mensch betrogen vnd verfurt ist/ Derhalben wir dañ/ mit zeytlichem wolbetrachtem Radt/ vnd daneben auch aus befelh vnd gebot/ der Römischen Keyserlichen Maiestat Caroli des fünfften/ vnsers aller gnedigsten Herrens/ gemelt Luthers Dolmatschung vnd naw Testament/ vnsern lieben vnnd getrewen vnderthanen/ zu vermeydung straff vnnd schadens/ Leybs vnd der seelen/ gantz väterlicher/ schuldiger/ vnnd guter meynung verbotten/ vnnd aus den henden nemen lassen haben/ Welchs vilgedachter Luther/ sampt etzlichen seynē anhengern/ vns auch zum ergisten verkert/ vnd gescholden habē/ als eyn Tyrannen/ verfolger/ vnnd veynd des heyligen Ewangelions vnd wort Gottes/ vnd wir zu lesen/ vnd frey zu predigen/ in vnsern landen nicht gestatte wolten/ Daran sie vns doch zur vnbillickeyt belestiget/ Dann wir verhoffen zu Got/ das alle die/ so vns recht kennen/ anderst nye vermarckt noch erkant haben/ daß das wir das Ewangelion vnd wortt Gottes/ wie das von der Christlichen kirchen angenömen/ gern gehortt/ Gott wolte/ das wir dem auch mit der that gefolget/ des wir vnd doch/

† v   so vil

so vil vns Gott gnad verlihen/ geflissen/ vnd fürder fleyssen wöllen/ vnd das wir nicht das warhafftigk Ewangelion vnnd wort Gottes/ Sonder alleyn Luthers vnd der andern falsch genanten Ewangelischen prediger/ betrieglich lehr/ predigt/ vnd schrifften inn vnsern landen zu dempffen geneygt sindt/ Darauff wir auch ob Gott wil bestendiglick fuessen/ vnd vermittelst Göttlicher gnade biß an vnser end verharren wollen/ Der gleychen getrawen vnnd verhoffen wir/ das auch die thenigenn/ denen wir vnbekant/ vnd die so nach vns kömen werde/ aus folgender glaubwirdiger vnderricht vnd ertzelung/ der Lutherischen/ vnnd der andern nach aufgestanden schwermer lehr/ vñ früchten so sich darauss entspunnē/ vns auch in dem wol entschuldigt haben werden/ Dañ wiewol Luther/ die sach erstlich anfieng/ mith eym scheyn eyner vermeynten reformation/ vnd besserung der mißbreuche/ so bey geystlichen vñ weltlichen eyngewurtzelt seyn solten/ Szo hat er sich doch volgend mith worten vnd wercken vernemen lassen/ das seyn gemüet nicht gewest/ die sachen zu bessern/ sonder gar vmb zu stossen wie er sich dann vilmaln berümbt/ das ers dar zu bringen wolt/ auch keyn fleyß darin gespart vñ seher darmit getrotzet hat/ das in kurtzen iaren/ keyn Kirch/ stifft/ Clawß/ oder Closter/ keyn Pfaff/ Mönch/ odder Nonne/ vnd weder Fürst noch Bischoff vnder dem hymel bleyben solten/ An dem keyn benügen gehabt/ Sonder sich tzum teyl durch sich selbs/ tzum teyll durch seyne nachfolgende schwermer vnd falsch genanten Ewan

ten Ewangelischen prediger/ auch vnderwunden/ die gantze Christliche kirchen/ vnd vnsern heyligen glauben gentzlich tzu tilcken/ vñ nicht alleyn die lieben heyligen/ Sonder auch Christum selber aus dem hymel tzu vertreybē/ Wie sie dann eyns nach dem andern an gegriffenn/ veracht vnd abgethane Erstlich die Doctores Scolasticos/ darnach auch die alten heyligen lehrer/ die man nennet Ecclesiasticos. Welchs er schrifft/ Canones/ vnd Decreta (szo yhnen tzu besserung der kirchen/ vonn dem heyligen Geyst eyngeben) sie mit fewer öffentlich verbrent/ der heyligen bilder vnd crucifix (welche nicht für Abgötter/ sonder alleyn tzu gedechtnis vnd erinnerung des eynfeltigen volcks da gestanden) tzerbrechen vnd tzerhawen lassen/ in kirchen vñ auff der strassen. Alle gute werck/ als nemlich die Junckfrewliche keuscheyt/ fasten/ beten/ feyeren/ kirchengeben/ procession/ creutzgenge/ letaney/ vesper/ meß/ mettin/ vnd die andern horas tzu singen/ datzu auch die vigilien/ seelmessen/ begengnissenn/ dreyssigiste/ iars tage/ vnd alles das den lieben verstorben seelen/ von der kirchen tzu guth nach gehalten wirt/ sampt allen Christlichen altherkömenen vnd löblichen vbungen nicht aleyn lesterlichen versprochen/ sonder auch gar abgeschaffet vnd vnderlassen/ dartzu so gantz fleyschlich vñ wild worden/ das sie auch am heyligen freytag vnd den gebotten fastelltagen/ nicht aus noth/ sonder aleyn aus mutwillen vnnd verachtung der kirchen/ fleysch speysen vnd essen/ bitten vnd begern das man sie nach yrem todt nicht auff das geweyhet/

21-24. E-1528L: Pages from First Ducal Authorization. (*Br.Mus.*)

geweyhet/ſonder wie ein ander vnuernunfftig
thier/begrabē/ihnē nichzit guttes nach thon
noch für ſie bitten wöll. Vnnd damit ſie in dem
allem frey vnd vngeſtrafft bleyben möchten/
haben ſie derhalben auch die heyligē Concilia
vnd alle macht der kirchen darnyder geſchlagē
vnd dem gemeynen pꝛſel/die gewalt eyngeroſ
met/nicht aleyn vber die ſchrifft vnd concilien/
Sonder auch die oberkeyt geyſtlich vnd welt
lich zu richten vn̄ tzu ſtraffen. Volgend/ſich au
ch freuenlich vndertzogen/nicht alleyn die Cere
monien vnd Sacramentalia/als das geweyhe
te ſaltz/waſſer/würtz/kertzen/vnd anders / ſo
wie Paulus ſagt/durch das gebet vnd worth
Gottes in der kirchen geheyliget wirt / abtzuſ
ſtellen. Sonder auch die heyligen Sacrament
ſelbes vermeſſenlich antzutaſten/ deren ſie etz
liche gar verworffen/vnd für kein Sacrament
haben wollen/als die firmung /heylige ölung
prieſterliche weyhe/vnd die beycht/ ſampt der
bus vnd abtrag der ſunden. Die andern aber
verkeren vnnd verendern ſie auff mancherley
weyſz vnnd forme /tewffen anderſt/ dann die
Chriſtlich kirch geordent vnnd bis her löblich
gehalten hat/eyner ſuſt der ander ſo/ vnd ſa
gen ihr etzlich das die tawff gar nichtzit von nö
ten ſey. Item das Sacramenth der heyligen
Ehe/ſo võ anbegyn der welt bey meniglich in
wird vnd ehren gehalten worden /tzerreyſſen
ſie auch/vnchriſtlicher weyſe/ erlewben vn̄ gē
ben eym man tzwey oder mher weyber / eyner
frawen tzween oder mher menner. So haben
ſie die heyligen Meſſe auch für eyn grewel vn̄
abgötterey

abgötterey auffgeruffen/itzt dewiſch itzt wiđ
der Lateyniſch/vnd auff mancherley form wiſ
der die alt Chriſtlich ordnung / angefangen /
auff deren keyner ſie doch entlich berhuet/ vnd
noch hewt bey tag der ſach vnder yhnen ſelber
nicht eins ſein. Aber vber die maß vnchriſtlich
vnd mancherley weyſz handeln vn̄ zerſtücken
ſie das hochwirdig Sacrament /des tzartten
fronleychnams vnd bluts vnſers lieben Herrē
Jeſu Chriſti. Wölchs etzlich widder die örtes
rung der heyligen Chriſtlichen kirchen / vndeū
zweyen/etzlich vnder gar keyner geſtalt habē
wollenn/etzlich allein für das fleyſch vnd blut
Chriſti halten/ vnd nicht für Chriſtum ſelber/
etzlich ſagē es ſey wol Chriſtus do/ aber alyen
als ein menſch/vnd nicht als eyn Gott. Etzlich
ſprechen das brot vn̄ weyn / ſampt dem fleyſch
vnd blut beyſamen/etzlich das es alleyn brott
vnd weyn/vnd ein ſchlecht zeychen ſey/wie ein
ſigill/an eym briefe / gleych als ob wir Gott
nicht trawen noch glewben ſolten one brief vn̄
ſigell. Derhalben ſie auch diſem hochwirdigen
Sacrament/ kein ehr noch reuerentz ertzeygē
ſonder ihm bey den rücken wenden/ſtarren wie die
ſcheytter/vnd wollen ſich gegen dem nicht neyſ
gen/ inn wölches nhamen ſich alle knye in hyſ
mel/auff/vnd vnder der erden biegen muſſen/
Etzlich gehen hyntzu/on alle rew vnd beycht/
greyffen es mit ſundigen henden ſelber an/ eſ
ſen vnnd trincken als wer es ſuſt ein gemeyne
ſpeys oder trancke/ ſtoſſen die hoſtien in die
taſchen/tragen ſich damit ſpielen/vnd das bey
Chriſtlichen oren eyn grewel iſt zuhören/ nen
nen ſie das

nen ſie das ein abgot vnd tewffel/ vnd tretten
es mit füſſen/ deren etzlich auch peynlich darſ
umb geſtrafft worden. Wölchs vngetzweyfelt
alles darumb geſchicht/ das ſie Chriſtum (wie
nawlich auch zu Nickelſpurg von zweyen Apoſ
ſtaten offentlich diſputiert worden) nicht für
eyn Gott ſonder alleyn für ein ſchlechten menſ
ſchen vn̄ prophetē/etzlich auch gar nichtzit võ
yhm halten. Sagen er ſey ſelbs in erbſund ems
pfangen/vil weniger hab er ander lewth ſund
hinweg nemen mögen/mit vnerhörter ſchmeſ
hung ſeyner allerheyligſten gepererin/ der vns
beſleckten Junckfrawen Marien/Wölche auſ
ch bey Türcken vn̄ Heydē in groſſer reuerentz
vn̄ ehr gehalten wirt/dann bey diſen vnchriſtſ
lichen freuelern. Aus wölcher gottloſen lehreſ
predigt/diſputation/vnd ſchrifften/anderſt nſ
chtzit entſprungen/dañ diſe nachfolgende tzarſ
ten früchte/ wie aus einem ſchlammigen quatt
oder miſte/eyn vnreyner gifftiger wurm/namſ
lich nicht aleyn ein fleyſchliche/ ſonder auch ein
thieriſch vn̄ tewfliſche freyheyt/eygewillickeyt
frevel/vngehorſam/vnd blutige auffrhur/ der
armen verfurten vnderthanen. Verachtung
ſchmach vnd leſterung aller geiſtlicher vn̄ welt
licher oberkeyt/ Apoſtaſey vnnd erberrnlicher
fahl der geyſtlichen /ablegung yhrs habits /
ſampt aller zucht/ſcham/vnnd Gottes forcht/
vergeſſen ihrer gelübd vnd eyde/Vneheliche
Ehe vn̄ verhewrung der Mönch/Pfaffen/ vn̄
Nonnen. Entſetzung yhrer gütter/tzerſtörung
ihrer Clöſter vnd kirchen/aus wölchen die Or
nat/Kelch/monſtrantzen/gülden vn̄ ſilbern rau
chfaſz/

chfaſz/ vn̄ andere heylige cleynodt. Item ſtein/
eyſen/glaßfenſter/vnnd anders ſo zu Gottes
dienſt vn̄ Ehre gegeben worden / am freyen
offen marckt verkewfft/tzu weltlicher hoffarth
vnd wolluſt gebrawcht/vnd aus den Gottes
hewſtern pferdſtell vnd andere vntzimliche geſ
bewde gemacht worden. Aller Gottes dienſt
vn̄ andacht der menſchen gegen Gott vn̄ ſeynē
heyligen erloſchen/vn̄ vnſer heyliger Chriſtliſ
cher glawb/an vil orten gantz getilckt iſt. Wir
geſchweygen vil geiſtlicher frömen Junckfraw
en ſo mit gewalt aus ihren Clöſtern getzogen/
vn̄ ihres Junckfrawlichen ſtandes vnd Ehren
wider Gott/Ehr/vnd recht/berawbet wordē
Wiewol auch das gering zu achten/ gegen dem
ihemerlichen mord/todtſchlag vn̄ bultuergieſ
ſen der armen verfurten vnderthanen/ vnd ſo
vil elender wittwen vn̄ wayſen/dartzu ſie die
Oberkeyt durch ihren verſtockten freuel vnnd
vngehorſam/mutwilliglich gedrungen haben.
Aber was iſt auch das tzurechen/ gegen dem
ſchaden vnd verluſt / ſoul Chriſtlicher ſeelen?
wölche Chriſtus mit ſeynem thewren blut erſ
kaufft/vn̄ ym Luther ſampt ſeyn anhangendē
vn̄ nachfolgenden falſchen Ewangeliſchen pre
digern/ſchwernern vn̄ rottengeiſtern / durch
ihr verfurliche lehre widderumb entfrembdet/
vn̄ als leyder zubeſorgen/zur ewigen verdamſ
nis verurſacht haben. Dieweyl dañ ſolchs alſ
les offentlich an tag vn̄ vnlaugenbar iſt/ dann
ſich Luther noch nawlich in dem büchlin widſ
der des Königs võ Engelland ſendbrieue ſelbſ
berhömet hat/das der Schwermer vn̄ Rottēſ
geiſter

25-28. E-1528L: Continuation of First Ducal Authorization. *(Br.Mus.)*

geifter keyner was fonderlichs von Chrifto od
der dem Ewangelio gewuft/wo Luther nicht
gefchrieben /vñ vns in diße freyheit vnd liecht
gewirckt hett/Odder ob fie gleych fo gefchickt
weren fie doch weder fo kyen noch durftig ge=
weft die fach anzufahen. So kan ein itzlicher
biderman vñ beftendiger frömer Chrifte/bey
ihm felbs wol ermeffen.Ob wir als eyn Chrift
licher Fürft/nicht vrfach gnug gehabt Luters
dolmatfchung/lehr vnnd fchrifften den vnßern
zuuerbieten.Vnd ob wir nicht billich eyn hertz
lich mißfallen vñ befchwerung getragen/ab fol
chem vnchriftlichem fürnemen/ verderblichem
fchade vñ vndergang der hochlöblichen Dewt=
fchen Nation/verachtung Gottes/vñ tilckung
vnfers heyligen Chriftlichen glawbens. Vnd
wirt vns vngezweyfelter hoffuung/mennglich
fo diße Sect nicht anhengifch von der Lute=
rifchen auffgelegten bezicht/ itz vñ tzn ewigen
getzeyten wol entfchuldigt haben. Daß folcher
fchmach vnd fchimpff/ nicht vns aleyn von ym
begegnet. Sonder gleych wie Jamnes vñ Mã
bres L.Joyfi/ Simon der tzewberer Petro/
Alexander vnd Hymeneus Paulo/ Ebion vñ
Cherintus Joanni/ vnnd Hermogenes Jaco
bo widderftrebet/ vnnd widder fie fie gemür=
melt/ Alfo hat Luther fich auffgeleynet widder
die hewpter der heyligen Chriftli ben kirchen/
vnd alle geyftliche vnd werltliche Oberkeyth /
nicht alleyn mith murmeln vnd rebellion/ fon=
der auch mit vnerhorten iniurien/vnd fchmach
worten/ alffo das feyn mund wol genent wer=
den mag/ der mund der beftien/ von wölcher/
                   — Joannes

Joannes fchreybet inn feyner offenbarung am
dreytzehendê. Entlich zu weyter bewcyfung/
vnd klarer antzeygung das wir alleyn der ket=
tzer verdampten vnd betriglichen worth vnd
lehre/vnd nicht dem warhafftigen Ewangelio
vnd wort Gottes entgegen/ odder das zu le=
ßen oder zu predigen verhindern wollen/ So
haben wir vnfern lieben andechtigen den wir
digen vnd hochgelartten Magiftrum Jerony=
mum Emfer/ der Recht Licentiatê/ dartzu ver
modit(Dieweyl er vorhyn Annotatiões vber
Luthers Dolmatfchung gefchriben/vnd etlich
hundert falfcher ftell darinnn angetzeygt) das
er diße mühe itzt auch auff fich geladen/ vnnd
das gantz naw Teftament/feyns höchftê fleyß
vnnd vermögens/nach ordnung vnd lawt des
bewerten alten Texts/ vnd befchreybung der
heyligen Apofteln vnd Ewangeliften/võ new
em emendirt/allenthalben reftituirt/ vnd wid
derumb tzu recht gebracht/ dartzu auch/ wie
volget/ durch eyn offen druck menniglich zu gut
hat laffen außgehen/ Welches wir defter gne
diger gefürdert/damit fich hynfurt niemandt
aus den vnfern beklagen dörff/ das yhm das
Ewangeliõ oder wort Gottes verhalten oder
gewegert werde/ vnd fich eyn itzlicher frömer
Chrift/ an das warhaftig vnd rechtgefchaffen
wôrt Gottes ftewren/ vnnd Luthers vnd der
andern ketzer verforte Dolmatfchung/ glofen
vnd dewtung/defter baß erkennen/vñ fich das
für bewaren môg/ Es thuen vns auch die vns
fern/ fo diß rechtfertig naw Teftamêt/vñ wâr
hafftigt wort Gottes gehorfamlich annehmen
         ++ i   vñ les

vnd lefen werden/ fo viel gröffern gefallen/ in
gnaden vnd allem guten tzu erkennen/ fo viel
gröffer nutz vnd frommen tzu yhr feelen felig
keyt/ fie vnfers verhoffens daraus fchepffenn
werden/ Damit aber gemelte emendation vnd
rechtfertigung/vonn den ketzern nicht fo bald
im anfangk durch falfchenn nachdruck verfort
odder verandert werde/ Geben wir gemeltem
Licentiaten Emfer diße freyheyt vnd Priuile
gium/ das yhm dye inn den nechften zweyen
nachfolgenden iaren/nach dato diß vnfers off
fen brieues/in vnfern Landen/ gebieten/vnnd
Fürftenthumen/ keyner nach drucken/noch ob
es gleych aufferhalb gedruckt würde/ darinnê
feyltragen noch verkeuffen foll/ one feyn gunft
wiffen vnd willen/bey pen vnd verluft/zweys
hundert Reynifcher gülden/ welche eyn itzlich=
er vbertreter/vns die helffte in vnfer kamer/vñ
die andern helffte obgemeltem Licentiatê Em
fer/ zu ergetzung feyner mühe vnd arbeyt zu
betzalen vnd antwurten fchüldig feyn fol.Dar
nach wiffe fich eyn itzlicher zu richten/vnd vor
fchaden zu verhietê. Geben in vnfer Fürftlich
en ftadt vnd hofflager Dreßden des erften ta
ges Augufti Nach Chrifti vnfers liben Herrn
geburt taufent fünff hundert vnd im fieben vñ
zwentzigiften iaren .

29-32. E-1528L: Concluding Three Pages of First Ducal Authorization, and Page with Woodcut. (*Br.Mus.*)

Ir Georg von Gottes gnadenn Hertzog zu Sachssen/ Landgraff in Döringen/ vnnd Marggraff zu Meyssen/ Thuen kundt vnd bekennen hirmit öffentlich vor allermenniglich Nach dem vnd wir vnlang vorgange vorfügt haben/ das/ das new Testamet nach der Dolmatzschung/ vnd deutung/ der bewerten alten Text/ Doctor/ vnd lehrer/ inn druck bracht/ vnd nhu Got lob die selbigen Exemplaria fast alle abgangen seyn/ dardurch wir verursacht das selbige nawe Testament/ doch mich eyner merckliche vorbesserung anderweyt /vnd in eyne kleynere vnd bekerlichere form/ zu drucken lassen/ Weyll aber die ihenigen/ so sich solchs auff yhr darlegen vnderstanden/ auch einer begnadung vnnd freyheyt zur ergetzunge yhrer angewandten arbeyt/ vnd darlegens wirdig vnd da mit nicht vnder eynem gleych förmigen Titell vnnd vberschrifft (wie wir dann das es sunst geschied scheynbarlich befinden) viel ketzerische vnnd vorfürische außlegung/ Glosen vnnd tzusetze/ dem armen eynfeltigen Leyen/ möchten eyngebildet werde. So gebieten wir allen vnsern vorwanten vnderthanen/vñ sunst menniglich/ sich der hendel brauchen wollen. Ernstlichen/ das sie alle sonderlich vnser vorwissen/ vnd nachlassung/diß newe Testament/wie es itzt auff eyn newes/ ader hie beuorn/außgangen/ durch keynerley weyße nach form/ nach drucken/

drucken/ ader anders wo nach gedruckt in vnsere Landt vnd Fürstenthumbe/ bringe/vorkewffen/ader sunst damit handeln sollen / bey peen vñ vorlust derselbigen nachgedruckte nawen Testament / vnd zweyer hunderth gulden/ welche ein yeder dieses vnsers gebots vorachter vñ vbertreter/die helfft/ in vnßer Cämmer vnnd die andere helfft den yhenigen/ so diesen druckt vorlegt/vñ gefertigt vnnachlessigk sollen volgen tzulassen/ tzubetzalen/ vnd tzuuorgnügen schuldigk vnd pflichtig sein. Vnd entpfehlen demnach Allen vnsern Ampleutten Rethen Burgermeystern/Richtern/vnd allen andern Gerichts vorwaltern/also offt vnd dicke sie mit disem vnserm bricue so er mitt vnserm Secret befestigt angelangt werden/das sie ob dieser vnserer begnadung vñ Priuilegio/trewlichen/vnd mit allem vleysse halten sollen dasselbige Schützen/handthaben/vnd den yhenige so sie wie angezeygt damit werde anlange vorhelffen/ das sie auffs schleunigiste die vorfalene peen/mochte von den vbertretern einbringen vnd erlange/bey vormeydung vnserer vngnad/vnd damit es mennigklich zuwissen werden möge/haben wir diesen vnsern brieffhieuor tzudrucken vorordent . Darnach sich eyn yeder habe zurichten· zu vrkunde mit vnserm hieuorauffgedrucktem Secret besigelt / vnd Geben zu Dreßden Sonnabends am tag Conuersionis Sancti Pauli des hayligen Apostels Nach der gepurt Christi Thausent Funffhundert vnd ym acht vnd zwentzigsten Jharenn.

‡‡ iij Widereynßg

33 & 34. E-1528L: Pages Containing Second Ducal Authorization. *(Br.Mus.)*

Widereinanderstrebung Luthers Testamenten.

Aus Luthers Testament/ Ersten druck außgäge Año. rc.	Capittell.	Vnd Matheo. Aus Lut. Testamet andern druck außgäge Año. M.D.rrviij.
Mariam deyn weyb.	1	6 Mariam deyn gemahl.
Wyrt Enphahenn .	1	7 Wirt schwanger seyn.
Bessertt euch .	3	1 Thutt busse.
Herab steygen .	3	5 Herab farenn.
Vom brot alleyn leben	4	1 Nicht ernert alleyn von broth
Bessert euch .	4	6 Thut buß.
Alle krancken .	4	9 Allerley krancken .
Habt frewd vñ wunne	5	1 Seit frolich vñ getrost
Gibt dem der dich bit .	5	14 Gibt yderma d dich bit
Benedeyet die euch ma ledeyen.	5	15 Segnet die euch flucht.
Auch nehen sie nicht .	6	9 Auch spinnen sie nicht.
wirt euch gerichtet werden .	7	1 werdet yhr gericht werden .
Die dardurch gehn .	7	5 Die drauff wandeln .
Vnd machte alle krancken gesunt .	8	4 Vnnd machte allerley krancken gesunt .
Vnd da redet Jesg weiter vnd sprach .	11	7 Zu der selbigen zeyt ant wurt Jesus .
Werden auff stehen .	12	8 Werden auff treten .
Vnd seyne brüder Jacob vnd Joses .	13	13 Seyn bruder Jacob vñ Simon.
		Vnd sprach

Aus Luthers Testament Ersten druck.	Capit.	Aus Luthers Testament andern druck.
Vnd sprach den segen vnd brach	14	2 Vnd danckt vñ brach
Herr hie ist gut sein	17	1 Herr es ist gut das wir hie sein
Helias solle yhn durch seyne zukunfft alles zu recht bringen	17	1 Helias soll yhn tzuuor komen/vnd alles zu recht bringen
Jhre Engel sehen alle zeyt etc.	18	3 Jhre Engel im himell sehen allzeyt
Meine bruder vergebe	18	5 Meynem bruder der in mich sundiget
Du schalck alle dise schult	18	6 Du schalck knecht alle schult
Auff einen Esel vñ auff einem fullen	21	1 Auff eynem fullen der lastbaren eselin
Blinden vnd lamen im tempel vnd er heylet	21	2 blinden vnd lamen vnd er heylet sie
Jm tempel schreyen hosianna	21	3 Jm tempel schreyen vñ sagen
Wie die Engel im hymmel.	22	4 Wie die Engel gottes/ im hymel
Gott hat gesaget zu meyne Herren	22	7 Der Herr hat gesagt zu meynem Herrn.
Haben sich gesetzt die schrifftgelerten	23	8 Sytzen die schrifftgelerten
Von yderman	24	4 Von allen völckern
Den wüsten grewel	24	5 Den grewel der verwustung
Das du ein harter man bist	25	3 das du ein harter mensch bist

‡‡ iiij gehet hin

35 & 36. E-1528L: First Two Pages of "Widereinanderstrebung Luthers Testamenten." *(Br.Mus.)*

Aus Luthers Testament/ Ersten druck

Einer bessern/darumb 11
schemet sich.etce.

Welche haben die Kö= 11
nickreych erobert

Des schwerts mund ent 11
runnen

Zu zuchtigern gehabt/ 12
solten wir

Das nicht dz lame auß 12
gestossen werdt

Aus der of= fenbarunge

Johannis.

Heyst wermut/ vnd vil 8
menschen

Aus Luthers Test ment andern druck.

9 Eyner bessern nemlich
einer hymlischē darum

20 Welche haben durch d
glawben die königreych

20 Des schwerdts scherff
entrunnen

2 Zuchtigern gehabt vn
sie gefurchet solten

3 das nicht das lame yn
gehe.

5 Heyst wermut/ vnd d
drytte teyl warth wer=
mut/ vnd vil menschē

37. E-1528L: Concluding Page of "Widereinander-strebung." *(Br.Mus.)*

Register Uber dye Episteln vnd Euā gelien.

Epistel.			Euā.
Blat	xxij.	Am i. Sōtag des Aduēts	blat cxlvj.
blat	xliij.	Am 2. Sontag des Aduents	xx
blat	xc	Am 3. Sontag des Aduents	cxxl
Isaie	vij b	Mittwoch der Weych fasten	xcix
Isaie	xj .a	Freytag der Weych fasten	c iiij
blat	ciij	Sonabent der Weych fasten	c iiij
blat	xxvj	Am 4. Sontag des Aduents	d
blat	l	Am Christ abent	d
blat	cxxij	In der Christ meß	cl
blat	cxxiij	ij. Meß am Christag	d
blat	cxxvj	iij. Meß am Christag	dv
blat	ccvij.	An sanct Steffans tag	xlvj
Der zucht	xv a	An sant Johans tag	cxcvij.
blat	cxciij.	Am kindleyn tagk	lij
blat	cxxix	An sant Thomas Bischoff	dxxvi
blat	lxxij	i. Sontag/ nach dem Christag.	cij
blat	crix	An sant Siluesters tag	cxxvij
blat	cxxij	am new Jars tag	cij
blat	lxxij.	An der heyl. drey könig abent	lij
Isaie	lx A	an der heylige 3. König tag	ciij
blat	xx	i. Sōtag nach d hey. 3. Kö. tag	clx
Isaie	lx A	An d heyli. drey König achtē.	dvij
blat	xx	2. Sōtag nach d hey. 3. Kö. tag	lij
blat	xx	3. Sontag nach der König tagk	lx
blat	xxi.	4. Sontag nach der König.tag	xliij
blat	xcv	5. Sontag nach der König tag	xxvl

✠✠✠4 An des

38. E-1528L: Beginning of Church-Year Register. *(Br.Mus.)*

⸿ Epitaphium Emseri. ⸹

Quis iacet hic? Emser, Christo sacer, arma Lutheró
Qui intulit inuictus, fortis athletha dei.
Ecclesiæ partes multo certamine sudans
Asseruit, Constans, Peruigil, Acer, erat.

Iniquos odio ha=
bui Legē aūt tuā
dilexi, O dī eccelā
malignãciūEt cū
impijsnō sedebo.

Hieronymo Emseri, in tota artium Cyclopædia præclariss.
Prespitere, sacro sancte Romanae Ecclesiae fideiq; Catolice(graf
sante Lutheri,vestilentissima haeresi) sidel.nfructo, Hectoreq;
propugnatori, Hieronymus Vualtherus totus gemebundus Mo
numentum hoc cōsecrauit. Porro extremum dien, Anno aetatis
suæ Quinquagesimo, in Christo Iesu clausit, Carolo quinto Impe
rante,Pontifice Clemente septimo,Rome capt',Deniq; longe om
nium Christianissimo Duce Georgio, Saxoniam, Misnam, Thurin
gi.ī(quantū ad suū Imperiū attinet)Christianissime gubernā
te,Octauo Nouembris Anno a Christo nato.M.D.XXVII.

39. E-1528L: Emserian Epitaph. *(Br.Mus.)*

Die 607 Gemerckte stel wu Lutther / dem text des Newenn Testaments zwgethan vnnd ab= gebrochen/ wo er auch denselbtis gē/durch falsche glossen/auff vn kristēlichē verstand gezogē hat.

40. E-1528L: Concluding Woodcut with Insert on "Die 607 Gemerckte stel. . . ." *(Br.Mus.)*

Die offenbarung Joannis

Die Offenbarung sanct Joannis des Ewangelisten.

Das Erste Capittel.

✠ Summa ✠

❧ Johannes schreybet sieben kirchen/ wie er ym gesicht gesehenn hab Christum/ wie seyn gestalt sey gewest/ vnnd was er zu yhm geredt habe.

DJe Offenba: rung Jesu Christi/ die im Gott geben hat/ seynen knechten kund zu mache/ was in der kürtz gesche: hen soll/ vnd hat sie ange zeyget vñ gesandt durch seynen Engel zu seynem knecht Joannes/ der bezewget hat das wort gottis/vnd das zewgnis von Jesu Christo/ was er gesehen hat. Selig ist/ der da liset/ vñd die da hören die wort diser weyssagung/ vñd behalten was drynnen geschriben ist/ denn die zeyt ist nahe.

Johannes/ Denn sieben kirchen in Asia/ Gnad sey mit euch vñd fride/ von dem der da ist/vnd der da war/vnd der da komen wirt/ vnnd von den sieben geystern/ die da sindt für seynem stuel/vñd von Jesu Christo/ welcher ist der trewe zewge vñd erstgeporne von den todten/vnd eyn fürst aller könige auff erden/ der vnns geliebt vnnd gewaschen hat von den sunder

Epistel Am tag Sanct Michels Luther

Als eynn gesandt der teuffel zeyt hat diß buch/des hey lige kuschen lobarns mit scham vnd vnuer schit/ als ligen an nicht alleyn das buch/ sonder auch den schrey ber vnd dol matzscher/ desselbygen auffs höchste

Die offenbarung

sunden mit seynem blut/ vnd hat vns ge macht zu eym reyche vñ zu priestern vor Got vnd seynem vater/dem selb gen sey Ehr vnnd gewalt von ewickeyt zu ewickeit/Amen.

Sihe/ er kompt mit den wolcken/ vnnd es werden yhn sehen alle augen/ vnd die yhn ge stochen haben/vnd werden vber yhm hewlen alle geschlecht der erden/ia/Ame/Jch bin das A vnd das O/der anfang vnd das ende/sprit cht der Herre/ der da ist/vnd der da war/ vñ der da komen wirt almechtig.

Jch Joannes/ ewer bruder/ vñ mitgenoß am trübsal vnd am reych vnd an der gedult in Christo Jhesu/ war in der Insulen Pathmos vmb des wortts Gottis willen/vnd des zew gnis Jesu/ich war im geyst am Sontag/vnnd hörete hindder mir eyn grosse stym/ als eyner posaunen/die sprach.Das du sihest das schrey be in eyn buch/vnd sende es den sieben kirchen in Asia gen Epheson/vnd gen Smyrnen/vnd gen Pergamon/vnd gen Thyatiras/vnd gen Sardis/vnd gen Philadelphian/vnd gen Lao dicean.

Vnd ich wandt mich vmb/zusehñ nach der stym die mit mir redet/vnd als ich mich wand te/sahe ich sieben gulden leuchter/vnnd mitten vnder den guldenen leuchtern/eynen/der war gleych dem Son des menschen/vnd war ange than mit eynem langen leynen kleydt bis auff die füsse/vnd begürtet vmb die brüste mit eynem gülden gürtel/sein hewbt aber vnd sein har war weys wie eyn weysse wolle/ als der schnee/vnd seyne augen wie ein fewr flamme/ vnd

sie gesmat cht vnd ver acht.

(vñ das o) Im kriechs ischê alpha bet ist das o mega/der letzte buch stabe.

Lutter

mit eynê kittel Ans no: 166. C.

vnd seyne füsse/gleych wie eyn ertz in eym glü enden ofen/vnd seyne stym wie eyn gros was ser rauschen/ vnd hatte sieben sterne in seyner rechten hand/vnd aus seynem mund gieng eyn scharff zwey schneydig schwerdt/vnd sein ange sicht lewcht wie die helle Sonne. inn seyner krafft.

Vnd als ich yhn sahe/ fiel ich zu seynen füs sen als eyn todter/vñ er legt seine rechte hand auff mich/vnd sprach zu mir/forcht dich nicht/ Jch byn der erst vnd letzt/vñ lebendig/ich war tod/vñ sihe ich lebe nu von ewickeyt zu ewig keyt/ vnnd habe die schlüssel der helle vnd des tods/Schreybe was du gesehen hast/ vñ was da ist/vnd was darnach geschehen soll/das ge heymnis der sieben sternen/die du gesehen hast in meyner rechten/ vnd die sieben gülden leuch ter/ Die sieben sterne sindt Engel der siebenn kirchen/ vnd die sieben lewchter/sindt die sie ben kirchenn.

Das Ander Capitel.

✠ Summa ✠

❧ Was Joannes den vier kirchen schreyben sölte/ Nem lich der kirchen tzu Epheso/tzu Schmyrna/tzu Pergamo/ vnnd tzu Thiatyra.

VNd dem Engel der kirchen zu Epheson schreybe/ Das saget der da hellt die sie ben sterne inn seyner rechten/ der da wandelt mitten vnder den sieben güldenen leuchternn/ Jch weyß deyne werck vnd erbeyt/vnd deyne gedult/ vñ das du die bösen nicht tragen kanst Vnd

Luther

bricht dẽ text hie.ab. Añ: 1 66.D

41-44. E-1528L: Pages from the Book of Revelation. (Newb.)

Die offenbarung

B Vnd da es das ander sigel auffthet/höret
ich das ander thier sagen/Kom vnd sihe zu/vñ
es gieng aus ein ander pferd/das ward rodt/
vnd dem der drauff saß/ wardt geben den frid
de zu nemen von der erden/ vñ das sie sich vn
der eynander erwürgeten/vnd yhm ward eyn
groß schwerdt gebenn.

C Vnd da es das dritte sigel auffthet/ höret
ich das dritte thier sagen/Kom vnd sihe zu/vñ
ich sahe/Vnd nehm war/eyn schwartz pferdt/
vnd der drauffsaß hat eyne wage ynn seyner
handt/vnd ich höret gleych wie eyn stym mitte
vñder den vier thiere/sagende/Eyn mas wey
tzen vmb eynen pfennig/ vnd drey maß gerste
vmb eynen pfennig/ vñ dem öle vnd weyn thu
kein leynd.

D Vnd do es das vierde sigel auffthet/höret
ich die stym des vierden thieris sagen/Kom vñ
sihe zu/Vnd sihe eyn falb pferd/vñ der drauff
saß/des namen hies der tod/vnd die helle vol
gete ym nach/vnnd ym ward macht geben zu
tödten/auff den vier orten der erden/mit dem
schwerdt/vnd hunger/vnd mit dem todt/vnd
vnd den vier thieren auff erden.

Ji v Vnd

Die offenbarung

Vnd ich sahe/das es das sechste siegel auff
thet/vnnd sihe/ da ward eyn grosserdbeben/
vnd die Sonne ward schwartz/ wye eyn ha
ryn sack/ vnd der mond ward gantz wie blut/
vñ die stern fielen von dem hymel/ auff die er
den/gleych wie eyn feygenbawm seyne feygen
abwirfft / wenn er von eynem grossen winde
bewegt wirt/vud der hymel entweych wie ein
eyngewickelt buch/vnnd alle berge vnd insuli
wurden bewegt aus yhren orten/vnd die köi
nige auff erden/vnd die öberste/vnd die heupt
lewt vnd reychen/vnd die starcken / vnnd alle
knechte/vnd alle freyen / verborgen sich in den
klüfften / vnd felsenn an den bergen / vnnd
sprachen zu den bergenn vnd felsenn / falla
auff vns/ vnd berget vns für dem angesicht
des/der auff dem stuel sitzt/vnd für dem zorn
des lambs /denn es ist komen der grosse tag
yhres zorns/vnd wer kan bestehen?

Das VII. Capitel.
✠ Summa ✠

❡ Was den vier Ort Engeln der fünffte Engel gesagt/
wie aus den tzwölff geschlechten Israel hundert vnd vier
vnd virtzig tausent/vnd noch vil grössere tzal/aus andern
völckern/vnd getzungen betzeychnet sind.

V Vnd darnach sahe ich vier Engel ste
hen auff den vier ecken der erdenn / die
hielten die vier wind der erden auff/das
keyn windt vber die erde bliese/noch vi
der das meer / noch vber eynichen bawm.

Vnd sahe

❡ Vnd sahe eynen andern Engeln auff stey
gen von der Sonnen auffgang/ der hatte das
zeychen des lebendigen Gottes / vnnd schrey
mit grosser stym/zu den vier Engeln/ wölche
geben ist zu beschedigen die erden vnnd das
meer/vnnd er sprach / yhr sollet keyn schaden
thon

Epil
An Aller
heyligen
tag.

45-48. E-1528L: Pages from the Book of Revelation. (Newb.)

Die offenbarung

Das XVI. Capittel.

✠ Summa. ✠

¶ Wie die siben Engel die siben schalen des zorn Gotes außgegossen/ vnd was iammers vnd peyn daraus gefolget widder dye grossen Babylon.

Vnd

Und ich höret eyn grosse stym aus dem tempel/ die sprach zu den siebē Engeln/ gehet hyn vñ giesset aus die siebē schalen des zorn gottis auff die erde/ Vnd der erste Engel gieng hyn vñ goß seyne schale aus auff die erde/ vnd die menschen/ die das maltzeychē des thiers hatten/ vñ die seyn bild anbeteten war den hart vnd vbel verwundet. Vnnd der ander Engel goß aus seyne schale ins meer/ vnd es ward blut als eynes todten/ vnd alle lebendige seele starb in dem meer. Vnnd der dritte Engel goß aus seyne schale in die wasser strome vnnd iu die wasser brunnen/ vnd es wardt blut/ vnd ich höret den Engel der wasser sagen/ Herr/ du bist gerecht/ der du bist vnnd der da warest heyligk/ das du solchs vrteylet hast/ denn sie haben das blut der heyligen vnd der Propheten vergossen/ vnd blut hastu yhn zu trincken geben/ denn sie sinds werdt/ Vnd ich höret eynen andern Engel sagen/ Ja/ Herr almechtiger Gott/ deyne gericht sindt warhafftigk vnd gerechtt.

Vnd der vierde Engel goß aus seyne schale in die Sonne/ vnd es ward yhm geben/ die menschen zu peynigen mit hitz vnd fewer/ vnd den menschen ward heyß vor grosser brunste/ vnnd lesterten den namen Gottes/ der macht hat vber disse plagenn/ Sie thaten auch nicht puß/ das sie yhm die ehr gegeben hetten/ Vnd der fünfft Engell goß aus seyne schale auff den stuel des thiers/ vñ seyn reych ward verfinstert vnd sie assen yhre zungen vor schmertzen/ vnd

lesterten

Luther

die schalen/ des zorns Año: 170. A

Luther

Vnnd es wart ein böser vnd arger schwer Añ: 170.B

Lutter

Dem Engel sagen Añ: 170.B

Die offenbarung

lesterten Gott im hymel vor yhren schmertzen vnd für yhren wunden/ vnd thetten nicht buß se für yhre werck.

Vnd der sechste Engel goß aus seyne schalen auff den grossen wasser strom Euphrates/ vnd trewgete aus sein wasser/ auff das bereytet wurde der weg/ den Königen vom anfang der sonnen. Vnnd ich sahe aus dem mund des Trachens/ vnd aus dem mund des thieres/ vñ aus dem mund des falschen propheten auß gehenn drey vnreyne geyster/ gleych den fröschen denn es sind geyste der tewffel/ die do zeychen thon vnd ausgehen werden zu den Königen der gantzen erden sie zuuersamelen in den streyt yhenis grossen tages Gottes des almechtigen. Sihe ich kome/ als ein dieb/ Selig ist der da wachet vnd bewart seine kleyder das er nicht blos wandele/ vnd man seyne schä de sehe. Vnd er wirt sie versameln an eyn ort/ der da heyst auff hebreisch Armageddon.

Vnd der siebend Engel goß aus seyne schale inn die lufft/ vnd es gieng aus eine grosse stym von dem tempel die sprach auß dem throne. Es ist geschehen. Vnd es wurden blitze vnd stymmen vnd donner vñ ward eine grosse erdbebung/ als nie kein so groß erdbebe gewest sindt ō zeyt das die mesche auff erden gewonet habe Vñ aus ō grosse stadt wurde drey teyl/ vnd die stedt der heyden fielen/ vnd Babylon der grossen ward gedacht vor Goet/ yr zu geben den kelch des weyns der entrüstung seynes zorns/ vñ alle insulen entflohen/ vñ keyne berge

Luter

dye machen des tzey chen außge ben tzu den königē der erden.An no: 170. C (Armaged don) Scōm Hieronymū tösurrectio. qi teste Lyra dominus in terra promissiōis mortuus est et resurrexit.

Luther

Eyn stym vō dem hymel/aus dē stuel.Año: 170.D

ne berge wurden funden/ vñ eyn grosser hagell als ein centner fiel vom hymel auff die menschen/ vnnd die menschen lesterten Gott vber der plage des hagels denn sie ward seer gros.

Das .xvij.

49-52. E-1528L: Pages from the Book of Revelation. (Newb.)

Die Offenbarung

vnd eyn yßlich thor war von eyner perlen/ vñ
die gaffen der ftadt waren lawter gold/ als ein
durchfcheynend glos/ Vnd ich fahe keynen tem
pel drynnen / denn der Herre der almechtige
Got ift yhr tempel vnd das lamb/ vñ die ftadt
darff keyner Sonnen noch des Monden/ das
fie ihr fcheyne / denn die herlickeyt Gottes er
leucht fie/ vnd yhre lucern ift das lamb L Vnd
die völcker werdē wandeln inn feynem liecht
vnd die Könige auff erden werden yhre herlis
ckeyt vnd ehre inn die felben bringen/ vnd yre
thor werden nicht verfchloffen des tages/ deñ
da wirt kein nacht fein/ vnd fie werdē die ehre
vnnd glori der völcker dareyn bringen / vnnd
wirt nicht hyneyn gehen L yrgent ichtes befles
cktes ⌐ oder das fo grewel vnnd liegen thut/
fonder alleyn die fo gefchrieben findt in dem le
bendigen buch des lambs.

Luther
· Vnd dye
· leyde/ die
do felig wer
den wadeln
in dem felbe
liecht/ ⌐ An
no: ¡ 72 C

Luther
L Als eynn
ßted ynger
der la/ter/
fetzt L yrs
gent eyn ge
meynes ⌐
Aii: ¡ 72 D

Das XXII. Lapittel.

✠ Summa· ✠

¶ Vom fluß des lebendigen waffers ın mittel der gaffen/
da nymmer nicht nacht ift/ wie Joannes wolt anbett den
Engeln/ wer inn die Stadt gehört/ wer hynnaus/ vnnd das
man differ prophecey niebts tzufetzen noch abnemen fol.

Und er zeyget mir eynen ftrom eynes le
bendigen waffers klar wie eyn Criftall/
der gieng vō dem ftuel Gottes vñ des lambs/
mitten auff yhrer gaffen/ vñ auff beydē feyten
des ftroms ftundt holtz des lebens/ das trugk
zwelfferley frücht/ vnnd gab feyne frücht alle
Monden/ vnd die bletter des holtz dieneten zu
der gefund

---

der gefundtheyt der völcker/ L vnnd es wurde
kein maledeyt adder verfluchtes mehr feyn/ ⌐
fonder der ftuel Gottis vnd des lambs wirdt
drinnen feyn/ vnd feyne knecht werdē yhm die
nen vnnd fehen feyn angeficht/ vnd feyn name
wirdt an yhren ftyrnen feyn/ vnd wirdt keyne
nacht da feyn/ vnd nicht bedürffen eyner leuch
ten/ odder des liechts der Sonnen/ denn Gott
der Herr wirdt fie erleuchten/ vnnd fie werden
regniren von ewickeyt zu ewickeyt .

Luther
L vnd wyrt
kein verbus
tes mehr
feyn ⌐ Ans
no: ¡ 72. E

B Vnd er fprach zu mir/ diffe wort fint gantz
gewiß vnd warhafftigk/ vnd Gott der Herre
der geyfter der Prophetenn/
¶ Gloff . (Der geyfter der Propheten) Ita habent ve
teres latini ac probati codices fcilicet non fpiritum fed fpi
rituum Prophetarum. Pro quo Erafmus ex greco tranftu
lit fanctorum Prophetarum.
hat gefand feynen Engel an zu zeygen feynen
knechten/ was bald gefchehen muß/ Sihe/ ich
komme balde/ Seligk ift der da helt die worth
der weyffagung in diffem buch/ L vnd ich Jos
annes/ ⌐ der folchs gefehē vnd gehöret hab/
vnd da ichs gehöret vnnd gefehen het/ fiel ich
nyder an zu beten zu den füeffen des Engels/
der mir folchs zeyget/ vnnd er fprach zu myr/
fihe zu/ thuts nichts/ denn ich byn deyn mits
knecht/ vnd deyner brüder der Propheten vñ
deren/ dye da halten die worth differ weyffas
gung/ Bete Gott an .

Luther
L Vnnd ich
byn Joannes
Aii: ¡ 72. F

C Vnnd er fprach zu mir/ zeyche nicht an dye
wort der weyffagung in diffem buch/ denn die
zeyt ift nahe/ Wer beleydiget/ der beleydige
Nu iij   furter

Die offenbarung

furter/ vñ wer befudelt ift/ der befudel fich wey
ter/ vñ wer rechtfertig ift/ der rechtfertige fich
furter/ vnd wer heylig ift/ der heylige fich noch
mehr/ Sihe/ ich komme balde/ vnd meyn lohn
mith mir/ L zu geben eynem ißlichen nach fey
nen wercken/ ⌐ ich byn das A/ vnd das O/ der
anfang vnnd das ende/ der erft vnd der letzt/
Szelig findt L die da wafchen yhre feelen inn
dem blut des lemleyns/ ⌐ auff das yhre macht
fey an dem holtz des lebens/ vnd das fie durch
die thüre eyngehen in die ftadt/ Denn hauffen
findt die hunde/ vnd die zewberer/ vnd die vn
reynē/ vnd die todtfchleger/ vñ die abgöttifch
en/ vñ alle die lieb haben vnd thon die lügen.
¶ Gloff. (Die bund) Das findt die ketzer/ vnd falfch
genanten Ewangelifchen predigern Philippen. 3.

Luther
L wie feyne
werck feyn
werden/ vñ
leycht dars
umb/ dz mā
es verftehn
folle Goith
werde yder
man geb̄/
Er thue gu
te oder böfe
werck

Ich Jhefus habe gefandt meynen Engel/ D
folchs euch zu zewgen/ in den kirchen/ ich byn
die wurtzel vnnd das gefchlecht Dauids / eyn
klarer morgenfterne/ Vnd der geift vnnd die
brawt fprechen/ Kom/ vnnd wer es höret/ der
fpreche/ Kom/ vnd wen dürftet der komme/ vñ
wer da will/ der nheme das waffer des lebens
vmb fuft .

Luther
L dy da bal
ton feine ge
bott ⌐ Ans
no: ¡ 72 G

Ich bezewge aber alle/ die da hören die L
wort der weyffagung in difem buch/ fo yemād
dz zu fetzt/ fo wirt Gott zufetzen auff yhn die
plage/ fo die in difem buch gefchribē fteht. Vnd
fo yemand dauon thut/ von den worthen des
buchs difer weyffagung/ fo wirt Gott abthon
fein teyl von dem buch des lebens/ vnd von der
heyligen ftadt/ vñ von dem das in difem buch
gefchrieben

---

gefchrieben fteher. Es fpricht der folchs zew
ger/ yha/ ich komme balde / Amen/ iha Kom
Herr Jhefu/ Die gnad vnfers Herren Jhefu
Chrifti fey mit euch allen/ Amen .

Das ende der offenbarung Joannis
des Euangeliften/ vnd
Theologi.

Iniquos odio ba
bui Lege aut tuā
dilexi odiui et E
malignātiū Et cū
impijs nō fedebo.

Nu iiij

Dāncklagung / vnd be=
schluſs rede.

Ott dem Al=
mechtigē ʒu ewigem lob /
vnd gemeyner Dewtʒſcher
Nation / als meynem vat=
terland / ʒuerkentnis der
warheyt / vnd vermeydūg
yrthūbs / ʒuuoran in den
ſachen daran vnſer heyli=
ger glawb / vnnd der Seelen ſelickeyt hanget.
hab ich Jeronymus Emſer / Prieſter / der elder
auff gnedig anſynnen / befehl / hilff vnd fūrde=
rung des Durchlawchten / Hochgebornen Fūr=
ſten vnd Herren meins gnedigen Herren Her=
ʒog Georigen ʒu Sachſſen etcet. obgenant /
Vnd der Hochwirdigen in Gott vättern / Her=
ren Joann vnd Herren Vincenʒen von Schſ=
leyniʒ ʒu Meyſſen vū ʒu Merʒborg Biſcho=
fen / auch beyder meiner gnedigen Herren / Dis
Naw Teſtament / aus der alten vnnd nawen
Dolmatſchung / nach lawth / der Chriſtlichen
Kirchen bewerten Texte / vleyſſig ʒuſamen ge=
tragen / Emendirt / vnd was in der alt oder
naw verdewtſchten Tranſlation verforth / ʒu
vil / oder ʒu wenig geweſt / reſtituirt / vnd wi=
derumb ʒu recht gebracht / darauff ſich ein iʒt=
licher Chriſtlicher leſer gentʒlich verlaſſen mag
Dann wiewol man im Lateyn / gleych ſo woll
als im Dewtſchen / ſelten eyn Exemplar findet
das allenthalben gerecht / vnnd nicht itʒ hie itʒt
dort.

Beſchluſsrede CCIX

dort / was / eintweder durch der keʒer liſt / od=
der durch der drucker vnnd ſchreyber vnfleyſs
verruckt wer / So hab ich doch aus vberleſung
vil alter vnd nawer Exemplar / meyns verhof=
fens / alwegen befunden / wo es gemangelt / vū
ſo der kriechiſch Text ʒuweylen was nicht od=
der weniger gehabt (daran was gelegen / vnd
mir vnuerdāchtig geweſt) daſſelbig an rand
heraus geʒeychet / damit vnſer Lateyniſcher
vū bewerter Text / gantʒ vnd vnuerſeret blibe.
Vnd die weyl die keʒer nicht alleyn den gemel=
ten alten bewertē Text der kirchen / durch fal=
ſche Dolmatſchung ʒerreyſſen / Sōder auch an
den ōrtē / do ſie in gantʒ gelaſſen / durch falſche
gloſen verfort vnd / auff yhren vorteyl auſsge=
legt / hab ich für nodt vnd gut angeſehen / den
leſer / an den ſelbigen ſtellen / durch andere glo=
ſen ʒu verwarnen / vnd des rechten Chriſtlich=
en verſtandes / ʒu erynnern. Wiewol nhu keʒ=
ʒer vnd ſchwermer (wie ich bereyt wol vernō=
men) ſehr darumb gruntʒen / das ſie ſchier an
allen blettern klebē / vnd ſo offt darinn geefert
werdē / ſo hab ich ſie doch anderſt nicht wiſſen
ʒu nennen / dann mith yhrem rechten namen /
darʒu ſie ſich ʒum reyll auch ſelber bekennen /
Vnd iſt mir an yhrem gruntʒen wenig gelegē /
wiewoll ſolchs fūrnehmlich nicht geſchehen iſt
yhnen noch yemandt ʒuuerkleynung / Sonder
ʒu ſterck der Chriſtlichen warheyt / vnnd vmb
des gemeynen eynfeltigen volcks willen / dann
ſie kein andern text / nhu ein lange ʒeyt her / inn
hende gehabt / dan Luthers verforte Dolmat=
ſchung / Vnd ſo ihnen die falſchgenanten Euā=
Jn v   geliſ

Beſchluſsrede

geliſchen prediger nicht Gottes / ſonder gemel=
tes Luthers wort auff der Cantʒel / odder do
heymen in ihren hewſern fūrgeplat / vnd ſie es
darnach alſo lawtende in yhren bücheru befun=
den haben ſie anderſt nicht gewuſt / dan es we=
re das recht warhafftig wortt Gottes / damit
ſie auch allermeyſt geblendet vū betrogen wor=
den ſindt. Wōlchs mich am fūrnehmlichſten be=
wegt / das arm eynfeltig volck lenger in diſem
yrthumb nicht alſo verderben laſſen / Sonder
yhnen das wort Gottes rechtfertig vnnd wie
es an ym ſelbs lawth für ʒutragen. Ob ich
nu auch ſelbs / als ein menſch / vū eyniger / was
darinnen verſehē oder geyrret het / ſo iſt doch
ſolichs nicht geſchehen aus geferden / vnd mag
das rügen vū dawider ſchreyben / wer do will.
Iſts dann antwurt wirdig / vnd mir Gott lebs
tag gibt / will ich dartʒu antwurten / vnd meyn
yrthumb nicht (wie ſie) verteydingen / ſonder
bey der Chriſtlichen kirchen orterung gehor=
ſamlich ſtehen vnd bleyden. Werden ſie aber
komen mit lamen ʒoten / vnd ſpitʒbübiſchen ſch=
mach vnd ſcheltworten / wie ihr gewonheyt iſt
ſoll mich nicht ſeher anfechten / vnd ſich der le=
ſer auch nicht darab ergern / dann eyn vogel an
derſt nicht ſingen kan / dañ ym der ſchnabel ge=
wachſen iſt. Doch ſo bekēn ich ſelber vnuerhos=
len / das ich einig man (wie gelarth er ymmer
iſt) ʒu diſer ſach vil ʒu wenig / vnd das mir wol
Argus augen / vū Gerions hende von nöten ge=
weſt wer. Zu dem ſo hab ich mich ʒu diſer ſach
nit ſelber gedritiget / noch mich ſelbs ſo für klug
gehalten

Beſchluſsrede CCX

gehalté / Sonder diewyl der ehrnd vil vū der
erbeyter wenig / hab ich der obgenanten meys
ner gnedigen herren beſthl / vnd ſuſt vil from=
mer lewt / geyſtlicher vnd weltlicher / Edler vū
vnedler vleyſſig bit vnd begern nicht wiſſen ʒu
wegern. Iſts aber vbel gethan. So haben vn=
ſer Dewtſchen Biſchoff vū Prelaten Gott lob
noch wol ſo vil yerlicher rennt vū eynkomens /
das ſie on groſſe beſchwerung / eyn man odder
ʒehen aus den allergelartiſten / auſſchlieſſen / be=
ſolden vnd verordnen / die eynnander alle helf=
fen / vnd es beſſer machen. Dann diewyl der
Heydniſche kōnig Ptolomeus aller tʒuuerdols
matſchung des alten Teſtaments / tʒween vnd
ſiebentʒig der aller gelartiſten Jüden beruffen
vnd reychlich verſoldet hat / Sʒöllen billich al=
le Chriſten (ſonderlich aber die geyſtlichen pre=
laten) dartʒu thon vnnd helffen / Das vil ge=
melt naw Teſtament (welchs der grund vnnd
fundament iſt vnſers heyligen glawbens) ybe
glaubwirdig / vnnd on allen mangel oder fehle
befuudē werd. Wiewol ich der ſach bey mir ſel=
ber noch nicht eyns byn / ob es guth oder bōſs
ſey das mann die Bibel verdewtſchet / vū dem
gemeynen vugelarté man fürlegt. Dann die ſch=
rifft eyn tūmpfel vnd tewffe iſt / darynnen vil /
auch aus den hochgelarten erſwffen / vū mus
ſich einer gar miderig bucken / der ʒu diſer thūr
eingehen vnd den kopff nicht ʒerſtoſſen will.
Darumb ſo bekōmere ſich nu ein itʒlicher Ley
(der meynem radt volgen will) mehr vmb eyn
gut Gotſelig leben / dann vmb die ſchrifft / die
aleyn

Beschlußrede.

alleyn den gelarten befolhen ist / Vnd laßt vns
alle / gelatr vñ vngelart / den almechtigen Gott
bitten / das dis vnchristlich seel loß vñ gottloß
leben / das vns die ketzer vñ falschgenante Eu
angelischen prediger bey gebracht / vñ vil vol
cks so gätz wild / fleyschlich / vñ thierisch / gema
cht haben / das schir wedder glawb noch trew /
weder zucht noch förcht / weder göttliche
noch brüderliche lieb mehr auff erdē ist / durch
ein starck reformation widerumb außgeroden
vnd zum bestē bekart werde / damit Gott die
gewaltige hand seynes grymmigē zorns / vnd
schweren straffe / auch widerumb vö vns abwē
de. Dem sey lob / Ehre / vñ preys / sampt allem
hymlischen höre itzt vñ in ewickeyt / Amen.

Beschlus rede.

CHristlicher leßer / nhu hastu das werck /
das der Emser selig / in der zeyt / als er
von arbeyt / alter vnd schwacheyt / an krefften
seynes leybes / mercklich abgenōmen / also das
er auch (dartzu vngetzweyffelt die vberlästigk
sorg vñ mühe gefordert) nicht lange darnach
seyn lebē seliglich geendet / mit getrewem fleyß
zu sammen gebracht / welches mañ nhu widers
umb vernewt / corrigirt / gereyniget vnd mith
etzlichen nützlich / vnd nötigen zuthuungen ges
mehrt hat / Das wollest also in Christlicher lie
be / vnd guthwilligkeyt (in der es dir auch ges
reycht wirth) vorsehen vnd annehmen / Es auch
darfür nicht haltē / ob man zu zeyten ein wört
lern / darinnen geandert (wo es anderst nicht
zu den örthen / do es von den drückern vorse
hen)

Beschlußrede   CCXI

hen) das es darumb geschehē wehr / das man
dye meynung dardurch zu anderem verstandt
hab zihen vnd veranderen / Sonder vmb der
Jungfrawen vñ vnschüldigen hertzen willen /
die frechen vnd ergerli hē wörter (der sich Lu
ther in seynem Testament viel gebraucht / vnd
der Emser zu zeyten / villeycht aus vberhauff
ung der arbeyt oder belestigung seyner schwa
cheyt / vorsehen / vnd also stehen lassen hat) in
züchtigere wörter / verandert / vñ zu zeyten
vmbschrieben / vñ auch darumb nicht / das mañ
eynigen yrthumb den Emßer seliger sollte zu
gelassen / darmit het wöllen antzeygen / wiewol
er in seyner danckßagung / vñnd beschluß rede
dieses wercks / das thenige so er darinne geschr
ben / als eyn gesund vnd gehorsam gelidt / der
heyligen Christlichen kirchen / gentzlich vnders
worffen / vnd ob etwas darinne geyrret wehr /
nicht wie die ketzer thun / hat wöllen vertedin
gen / mit welchem er dan / das so er in glosen /
vnd anhengen / vmb straff / leer vnd besserung
willen / nebē dem Text eyngefurt / vornemlich
vnnd nicht die vorteutschunge des Textes ges
meynt / wie er sich dann desselbigen kegen den
vornewern dieses wercks / hören lassen / Das
auch aus dem guth abzunemen / das er in der
selbigen danckßagung (es möge sich eyn yeder
Christenlicher leser / auff seyne dolmetzschung /
gentzlich verlassen) geschrieben hat / vnd die
weyl auch solchs durch viel Christliche lerer be
sichtiget / bewert / vnd mith wissen vnd willen
der Christelichen Fürsten vnd Bischoffe dieser
land außgangen ist / So wolle nyemands dar
an zweyffeln

Beschlußrede.

an tzweyffeln / vnd mith denen so es ins werck
gebracht / gefordert / vnnd verleget habenn /
Gotth vnserm Herren / vnnd erlöser darumb /
lov / eher / vnd danckßagen / der sey gebenedey
et inn ewickeyt Amen .

Die andern Buchstaben / so zu weylen ver
ruckt oder gar außblieben / muß ein verstens
diger Leser dem syn nach lesen.

Gedruckt zu Leyptzick durch
Valten Schuman des
Jars. M.ccccc.xxviij.

61-64. E-1528L: Pages Showing Conclusion of First Postface, Complete Second Postface, the "Correctur," and Colophon. (Br.Mus.)

Euangelion Matthei. I.

Das Erſt Capittel. ✤Summa.✤
Von welchen voreltbern Chriſtus geborn/ vnnd wie der
vordacht von der iunckfrauwen/ dem Joſeph/ durch den Engell abgeleynt ſey.

Das buch der geburt
Jheſu Chriſti [des Sons Dauids/ des
ſonns Abrahams]
Glos. Wie wol de nachgenanten alle Chri-
ſtus voreldern geweſt/ So wirt er doch hie allein genent eyn
A Son

Euan-
gelii/am
tag der ge
burt Ma
rie. lu.3.a.

Die Sechßhundert vnnd ſieben gemerckte ſtell/ wie Lutther/ dem tert des newen
Teſtaments zugetban vnnd abgebrochen/
wo er auch den ſelbigen/ durch falſche
gloſſen/ auff vnchriſtlichenn ver-
ſtandt getzogenn hat.

Gedruckt zu Colln. Peter Quenteln.

65 (At Left). E-1528C: Page Showing Beginning of Gospel of Matthew. (Harvard-H)

66. (Above). E-1528C: Page Showing Colophon. (Harvard-H)

Euangelion

Das IIII. Cap. ✤Summa.✤
Als der Sathan Chriſtum drei mall verſucht. Herodes Jo-
annem gegriffen/ vnd Chriſtus zu predigen angefangen/ wye
er darnach ſeine iunger geſammelt/ vnnd die kranckenn geſunt gemacht hat.

Euäg.
am erſten
ſontag in
d faſten.
Mar.1 E
Lu.4.A.

DO ward Jheſus gefurt in de wüſte võ dē geiſt/
auff das er vom Teuffel verſucht wurde/ vnnd
do er viertzig tag vnd viertzig nacht gefaſt hat
te/darnach hungert yhne/ Vnd der verſucher trat zu
jhm vnd ſprach/ Biſtu Gottes ſon/ ſo ſprich das dyſe
ſtein broth werden. Vnd er antwurt/ vnd ſprach/ Es
iſt geſchrieben/ nicht allein jm broth lebt der menſch/
ſonder vonn einem itzlichen worth/ das do auß gehet
von dem mund Gottes.

Deute.8
Pſal.90

Do nham yhn d tewfel mit ſich in die heylige ſtat/
vñ ſtellet yhn auff die höhe des tempels/ vnd ſprach
zu yhm/Biſtu Gottes ſonn/ſo laß dich hynabe/denn
es iſt geſchrieben/ Er hat ſeynen Engeln beuolhē võ
dir/vnd ſie werden dich auff den henden tragen/auff
das du nicht etwan an eim ſteyn verletzeſt deynē fuß.

Deute.6

Glos.Wie leſt der teuffel die ſchrifft eins teils aus/ vnd
nimpt allein wz yhm dienet/wie ſeine ſone die ketzer auch thū
Da ſprach Jheſus/widderüb/iſt geſchriben/Du ſolt
Gott deynen Herren nicht verſuchen.

Deute.6

Abermals/nham yhne der tewffel mit ſich auff ein
ſeer hohen berg/tzeyget yhm alle reych d werlt/ſampt
yrer herlickeyt/ vnd ſprach/ das alles will ich dir ge-
ben/wo du nydfalleſt vnd mich anbetteſt/Do ſprach
Jheſus zu yhm/ Gehe hinweg Sathan/ denn es iſt
geſchriben/du ſolt anbetten Gott deynen Herren/ vñ
yhm alleyn diene. Do verließ yhn d teuffel/ vñ ſihe/
dy Engel tratten tzu yhm/ vnd dieneten yhm.

Mar.1.f
Luc.4.d

Nach dem aber Jheſus gehört het/ das Joannes
vberantwurt wer/zog er in das Galileiſche land/ließ
die ſtat Nazareth ligen/vnd kam/ vnd wonete zu Ca
pharnaum/die do ligt am mheer/ an der grentze Za-
bulon vnd Neptalim auff das erfullet wurde/das do
geſagt

Matthei. V.

geſagt iſt/durch den propheten Jſaiam/ der da ſpri-
cht/das land Zabulon/vnd das land Neptalim/ am
wege des mehriß/ yhenſhalb des Jordans vnd die
heydniſche Galilea/Ein volck/das do ſaß ym finſter
nis/ hat ein groß liecht geſehen/ vnd die do ſaſſen an
dem ort vnd ſchatten des todes/ denen iſt das liecht
auffgegangen.

Jſa.9

Mat.1.f

Von der tzeyt an/fieng Jheſus an tzu predigen/ vñ
tzu ſagē. Thuet buß/ dā das reich d hymel naher ſich
Glos (Thuet buß) Werck das auch Jheſus ſein predige
mit der buß angefangen/ vnd hut dich vor allen ſo die buß
verachten.

Lutter
[Beſſert
eu.q.]An-
no.xxi.B.
Mat.1.f

Als nu Jeſus gienge bey dem Gallileiſchen mhe-
re/ ſahe er tzwen brüder/ Symonem/ der do genent
wirt Petrus.Vnd Andream ſeynen bruder/ die wurf-
fen yhre netz yne mheer/dann ſie waren fiſcher/ Vnd
er ſprach tzu yhnē/ volget mir nach/ ich wil euch machen fiſcher der menſchen/ vnd als bald verlieſſen ſie
yhre netz/vnd volgten yhm nach.

Euäg.
An S.An
dreas tag.
S.Pet.vñ
Andres be
ruffung.

Vnd do er do ſelbſt von dannen/ vñ furter gieng.
Sahe er tzween andere brüder/ Jacoben/den ſon Ze-
bedei/ vnd Johannem ſeynen bruder/ ym ſchiff mitt
yhrē vatter Zebedeo/yhre netz ſlickende/ vnd er rief-
fet yhnen/Sie aber lieſſen ſo bald das ſchiff vñ yhren
vatter vnd volgten yhm nach.

Der tzwey
er Zebedes
er beruf-
fung.
Marc.1.b

Vnd Jeſus gieng vmb her im gantzen Gallileiſchē
lande/ vñ leret in yhrē ſchulen/vñ predigt das Euã-
gelion von dem reych/machet geſunt vnd heylet aller
ley ſeucht vnd kranckheit ym volck/ vnd ſein gerücht
erſchall in das gantz Syrier land/ Vnnd ſie brachten
yhm alle krancken/ ſo mit mancherley ſeuchen vñ que
lungen behafft waren/ vnd die ſo tewffel/ bey ynenn
hetten/vnd die monſuchtigen/ vnd gichtbrüchtigen/
Vnd er macht ſie alle geſunt/ Vñ es volget yhm nach
noch vil volcks/võ Gallilea. von den tzehen Stette/
von Jeruſalem/ von Judiſchen land/ vnd von yhens

A v ſit

67 & 68. E-1528C: Facing Pages in Gospel of Matthew, Chapter 4. (Harvard-H)

Euangelion

sit des Jordans.

Das V. Cap.   ✠Summa✠

Von den seligkeyten dē Saltz/Liecht/vnd der Lucern/wie
das gesetz nicht auffzulosen/widder denn nechsten nicht tzu
zozrnen/vnd vnkeuscheyt verbottē sey/von den scheydbriefen/
von Leystung der gelub/vnd abstellung derselbrachung.

Euāg.
An aller
heilige vn
vil marte
rer tag.

Die acht
seligkeytē
Luce.6.e.

DA nu Jhesus sahe die scharē / steyg er auff eyn
berg/vnd als er sich het nider gesetzt/tratten
zu yhm seyne jünger/Vnnd er thet auff seynen
mūdt/lehret sie/vñ sprach.Selig sint/die da arm sein
ym geyst/dann yz ist das hymelreych. Selig sint die
senfftmütigen/dann sie werden besitzē das erdtreych.
Selig sint die do heulen vnd klagen/dann sie getrost
werden/Selig sint/die da hüngert vnd dürstet nach
der gerechtigkeyt/dann sie gesetiget werden. Selig
sint die barmhertzigen/dann sie barmhertzigkeyt be
finden werden. Selig sint/die da seyn eyns reyne her
tzen/dañ sie Gott schawē werdē/Selig sint die frid
samen/dann sie Gottes kinder geheyssen werden.

✶Glos (Fridsamen) Jm lateyn stehet pacifici/das bedeut nit
cht allein in diese den frid hallten / sonder auch alle die do gern
frid machen vnd zum frid rathen vñ helffen.

Selig sint/die do verfolgung leiden/vmb der gerech
tigkeyt willen/dann yz ist das reich der hymele/ Se
lig seyt yz/so euch die menschen schellten / vnd veruol
gen/vñ alles arge von euch sagen werden / liegende/
vmb meynet willen/Frewet euch vnd frolocket/dañ
ewer belonung ist hewffet in den hymmeln/ ☙Dan
also haben sie auch veruolget die Propheten/ so voz
euch gewest seyn.

Marc.9.f
Luc.14.h

Euāg.
Von denn
Beychtis
gern.

☞ Yhr seyet das saltz der erden/Wo nu das saltz
thumb wirth/wa mit solls dan gesaltzen werden?

Glos(Thumb wirt)Was ist wo der gelerten eyner zu eym
ketzer wirt/der kan von niemant mehr gesaltzen noch bedeut
werden

Matthei.   VI

werden/sondern verstockt/vnd wirth hinauß/das ist aus
der Christlichē kirche geworffen wie Paulus sagt ein ketzer
nach der ersten/odder andern ermanung soltu meyden.

Lutter
[Was kā
ma domit
saltzen.]
Ann.21.a
Tit.3
Mar.4.e
Luc.8.e

Es dinth hynfurt zu nichtenn/dann das es hinauß
geschut/vnd von den lewthen zertretten werd.

C

Yhr seyet das liecht der welt. Ein stat die auff eym
berg ligt/kann nicht verborgen werden. So zündt
man nicht an ein liecht/vnd setzt es vnder einen scheff
fel/sonder auff ein leuchter/auff das es allen denen
leuchte/die ym hauß sind . Also soll scheynenn ewer
liecht voz den menschenn/das sie sehen ewre gute
werck/vnnd bzreysenn ewzen vatter der yn den hym
meln ist.

Glos. (Ewre gute werck) Wie merck das die guthenn
werck nit zuuerachten/sonder von Christo gebotten sein.

D

Gedeck nicht / das ich kōmen sey auffzulösen das
gesetz odder die propheten. Jch bin nicht kōmen auff
zulösen/sonder zuerfullen. Jha fur war sag ich euch/
bis das hymel vnd erd zergehē/wirt nicht zergehē
der kleynste buchstab noch ein tittle vom gesetz/bis
das es alles geschehe.

Luce.16.e

E

Wer nu eyns von disē kleynsten gebottē bricht vñ
lehret die leuth also/der wirt ð kleynist geheyssen ym
hymelreych. Der es aber thut vñ lehret/ð wirt groß
geheyssen ym hymelreich. ☙

F

☞ Jch sag euch aber/Wann es seye deñ das ewer ge
rechtigkeyt volkommer werde/dann der schzrifftgeler
ten vnd Pharisecr/so werdet ir nicht eyngehen in das
reych der hymmel.

Lutter
[Auffslö
set] Anno
tatio.21.b

Euāg.
Am funff
tē sontag
nach pfyn
gsten.
Ero.20
Deute.5

G

Jhr habt gehört/das zu den altē gesagt ist/du solt
nicht tödten. Wer aber tödtet/der wirt schuldig des
gerichtes . Jch aber sag euch das ein yzlicher der mit
synē bzruder zürnet/der wirt schuldig des gerichtes.

Glos(zoznet)Das vorstehe nit van ein yzrlichen zorn der
bald kōmet/vnd bald wider hinweg gehet . Sonder von zorn
der lang ym hertzen grollet/vnd ein gram vnd   haß darau
will

Euangelion

wirt/wie Cain zoznet mit seym bzruder Abel von welchē auch
Joannes sagt/wer seyn bzruder hasset der ist eyn todtschleger.
j.Joannis.iii.

Wer aber zu seynem bzruder sagt/Racha/der wirt
schuldig des ratts.

Glos(Racha) Racha ist ein stym vnd anzeygung eins bewegten zoznigen gemütes.

Wer aber sagt/du narr/ð wirt schuldig des hellischē
fewers.

Darüb wenn du dein gabe auff den altar opfferst/
vnd wirst aldo eingedenck/das dein bzruder was wi
der dich hab/so las deyn gab alda fur dem altar/vñ
gehe zuuoz hyn vñ versune dich mit deinem bzruder/
vnd als dan köm/vnd opffer dein gabe. ☙

Glos (Opffer gabe) Wie merck das Christus das opf
fer nit abgethan noch verbotten hatt dann mit vnderscheyde/
namlich das die bzruderliche lieb vnnd barmhertzigkeit dem
opffer furgehen soll.

Luc.12.e

Bis willfertig deynē widdersacher/bald/die weyl
du noch mit yhm auff dem weg bist/auff das dich der
widdsacher villeicht nicht vberantworte dem richter/
vnd der richter vberantworte dich dem dyener/vnd
werdest yñ kercker geworffen.

Glos.(Jnkercker)Das ist in das fegfewer nach ausleggug
der heyligē lehrer. Dan in der hell ist gar kein erlosung noch
auß kommen zuhoffen.

Warlich sag ich dir/du wirst von dannen nicht her
auß kommen/bis du betzalest den letzten heller.

Ero.20
Eccle.14

Jhr habt gehort das zu denn alten gesagt ist/Du
solt nicht Ehebrechē. Jch aber sag euch.Wer ein weib
ansihet/yhz zu begern/der hat schon mit yhz die ehe
gebrochen yn seynem hertzen.

Ergert dich aber dein rechtes aug/so reyß es aus/
vnd wirffs von dyz. Es ist dir besser das eins deyner
glyd verderb/dann das der gantze leyb yn das hellis
sche fewer geworffen werd. Vñ so dich ergert dein re
chte haudt/so haw sie ab/vnd wirff sie von dir/Es
ist

Marc.9.l

Matthei.   VII

ist dyz besser das eins deyner glyd verderbe/dañ das
der gantze leyb yn die hell kom.

Glos . Durch das rechte aug verstehe auch die begird zu
deynem Eheweyb/dan mann nit allein gegen frembden/son
der auch gegen den Eheweybern etzlich bo'e gelust dempfen/
vnd außzreyssen muß/da mit es nicht mehr hurerey dann ein
ehelich wesen sey.
Durch die rechte hand verstehe auch die gute werck/dann/
wo die selbigen auch nit guter meynung geschehen/hindern
sie mehr dann sie furdern zum ewigen leben.

M

Es ist auch gesagt/Wer sich von seynē weyb schey
det/der soll yhz gebē einen scheydbzrieff. Jch aber sag
euch/Wer sich von seynem weyb scheydet(es sey dan
vmb ehebruch)der macht/das sie die ehe bzricht/vnd
wer ein abgescheydete freyet/der bzricht die ehe.

Deut.24
Mar.10
a.et b.

N

Weyter habt yhz gehort/das zu den alten gesagt
ist/du sollt nicht falsch schweren/sond solt Got deyne
eyd halte. Jch aber sag euch/das yhz gar nicht schwe
ren solt.Weder bey dem hymmel/dann es ist ð thron
Gottes.Noch bey der erden/dann sie ist der schemel
seyner füsse.Noch bey Jerusalem/dann sie ist ein stat
eins grossen Königs. Auch soltu nicht schwerē bey dey
nem hewpt/dann du vormagest nicht ein eynig har
weyß odð schwartz zu mache. Ewer red aber sey ya/
ya/neyn/neyn/was darüber ist/das ist vom argen.

Luce.16.e

Leuiti.19
Ero.20
Deute.5
Jacob.5

O

Yhr habt gehort das gesagt ist . Oug vmb oug/
zan vmb zan. Jch aber sag euch/das yhz nicht wider
strebe solt dem vbel/Sonder so dich yemant schlahet
auff dem rechtē backen/dem reyche den andern auch
dar/Vnd dem yhenen/der voz gericht mit dir tedige
wil/vnnd dir deinen rock nehmen/dem laß auch den
mantel/Vnd so dich yemant nöttigen wil ein meyl/so
gehe mit yhm noch ander zwu/Der aber was vonn
dyz bittet/dem gib es/vnd wende dich nicht von dē
der von dir borgen wil.

Ero.21
Deute.19
Leuit.24
Luc.6.g

P

☞ Yhr habt gehöret das gesaget ist . Du solt liebe
deynen nechsten vnd hassen deynē feind. Jch aber sag
euch \

Euāg.
Am freyt

Das New Testament/ So
durch den hochgelerten Hieronymum
Emser seligen verteutscht/ vnder dem
Durchleuchten hochgebornen Für=
sten vnd herrñ Herren Geor=
gen Hertzogen zü Sach=
sen rc. außgan=
gen ist.
M.   D.   XXIX.

73. E-1529A: Title-Page. (Br.Mus.)

Das New Testament
so durch den hochgelerten Hierony=
mum Emser seligen verteutscht/ vnder des
Durchleuchten / Hochgebornen Fürsten
vnd Herrn/ Herrn Georgen Hertzogen
zü Sachssen. rc. Regiment auß
gegangen ist.

Im Jar M. D. XXIX.

74. E-1529F: Title-Page. (Yale-B)

 ## As New Testamēt
so durch den hochgelerten Hierony
mum Emser seligen verteutscht/ vnder des
Durleuchten/ Hochgebornen Fürsten
vnd Herrn/ Herrn Georgen Hertzo=
gen zü Sachssen. rc. Regiment
außgegangen ist.

Im Jar M. D. XXXIIII.

75. E-1534F: Title-Page. (ABS)

Matthei.   to
chende/ Sihe ain junckfraw würt in leyb haben vñ ge   Esa.7
beren ainē Son/ vnd sein narmß würt genennet Ema=
nuel/ das so vil gesagt ist/ als Gott mit vns.
  Da nun Joseph vom schlaff erwachete/ thet er wie
im der Engel des Herren beuolhen het/ Namb seinen
gemahel an/ vnd erkennet sie nicht/
  Gloss Duet dich vor dem yrthumb Heluidõ/ vñ lern den rech
ten verstand von den Christlichen lerern.
biß das sie gebar iren erstgebornen son/ vnnd hieß sei=
nen namen Jhesus.

Das Ander Capitel.
wie die künig oder weysen/ zu dem new gebornen Christus
kommen/ vnd wie die vnmündigen kindlin (als Chri=
stus in das elend zug/ von Herode getödt wordē,

Da nun Jhesus geboren wz zü Bethleem Jude/   Euan.
in den tagenn des künigs Herodis/ Sihe/ da ka=   Du õ bestī
men die weysen von dem auffgang gen Jerusa   gen rxt
lem/ sprechende/ Wa ist der/ der da ist geborn/ ain Kü=   künig tag.
nig der Juden? Dañ wir haben gesehen sein stern ym
auffgang/ vnd seind kommen/ in an zübetten.
  Gloss(weysen)bey den alten/ was weys künig vnd priester/ ain
ding. Dann man kainen künig/ noch priester machte/ er wer õ dann
weyß. Darumb werden durch die weysen hie verstanden die hay=
ligen drey künig:
  Da nun das höret der küng Herodes/ warde er be=
trübet/ vnd mit im das gantz Jerusalem/ Vnnd versa=
melte alle hohe priester vnd schrifftgelerte vnder dem
volck/ vnd erforschet von inen wa Christus solt gebo=
ren werden/ Vñ sie sagten im zü Bethleem Jude/ Dañ   Miche.
also ist geschriben durch den propheten. Vnd du Beth   Joan.7.D
leem/ du erde Juda/ bist mit nichte die geringst vnder
den Fürsten Juda/ daß võ dir würt außgeen der Her
tzog/ der da regieren sol mein volck Israel.
  Da vorbere Herodes die weisen haimlich/ vñ erkun
det fleyssig von inE die zeyt des sterns der inē erschine
                                                    B   i

76. E-1529A: Page from Gospel of Matthew. (Br.Mus.)

Die Offenbarung Joan.

sterne / Vnnd der geyst vnd die braut sprechen /
kom / vnd wer es höret / der spreche / kom / vñ wen
dürstet der komme / vnd wer da wil / der neme dz
wasser des lebens vmb sunst.

Ich bezeuge aber / alle die da hören die wort der
weyssagüg in disem büch / so iemandt dazu setzt /
so wirt gott zusetzen auff in die plagen / so die in
disem büch geschriben stehen. Vnd so iemandt da
von thut / von den worten des büchs diser weys=
sagung / so wirt gott ab thun sein teyl von dem
büch des lebens / vnd von der heyligen statt / vñ
von dem das in disem büch geschriben stehet. Er
spricht der solchs zeuget / ia ich köme bald /
Amen / ia kom Herr Jesu. Die gnad
vnsers herrn Jesu Christi
sey mit euch allen /
Amen.

**Das ende der offenbarung Joannis des
Euangelisten / vnd Theologi.**

Hie nach volgent die glossen / so auß
den Euangelisten / vff das sie vnver=
sert vnd vngespalten bleiben / besond
nach ordnüg der Capitel verordnet.

Ins Euangelion
Das II. Cap.

A Glos(Weisen) Bey den alten war / weys König / vnd
priester eyn ding. Dann man keyn König / noch priester
machte / er wer dann weiß. Darumb werden durch die
weisen hie verstanden / die heyligen drey Könige.

B Glos(Nazareus) Das ist / so vil als heylig.

Das III. Cap.

A Glos(Thut büß) Merck disen anfang der predig Io=
hannis / das wir vo aller erst büß thu müssen. Vnd hut
dich vor den Ketzern / so die büß vnd beicht verachten.

B Glos(Heuschrecken) Die sind anders gestalt / dann vn=
sere heuschrecken / darumb man sie in etzlichen landen
pflegt zu essen / wie S. Hieronymus schreibet. Andre
aber halten auch eyn andre meynung daruon / wie weia
ter erklert ist Mar.1.

C Glos (Bekanden) Das ist / sie beichten die / Dann die
beicht auch bey den Iuden / zur seligkeyt von nöten was.
Autore Ritio super illud Deut.Cõfitebantur peccatu suu.

D Glos (Wir haben Abraham) Wie die Ketzer yetz
sprechen / Wir haben Christum zu eym Herrn / meynen
es sey genüg / dorffen weiter nichts thun. Also bochtenn
auch die Iuden auff Abraham Aber Iohannes weiset sie
von Abraham / an die büß vnd gute werck / dann one die
hilffet weder sie Abraham noch vns Christus.

E Glos(Gerechtigkeyt) Das ist / Laß vns auch erfüllenn
die demüt. Dann das wortlin gerechtigkeyt schliesset in
sich in gemeyn / alle tugent vñ gut werck. Wiewol es et
watt

Etlicher Sentensen vnd

wörter / Glossen oder außlegung / so vorhin zwi=
schen dem text vermischt / aber yetzt / auff das der
Text vnuersert vnd nit zertrennet sey / besonders
in yedes Capitel geordnet / Gott zu lob /

Das Erst Cap.

Glos (Des Sons Dauids /) Wiewol die nachgenan=
ten alle Christus voreltern gewest / So wirt er doch A
hie allein genent / eyn Son Dauids vnd Abrahams / dar
umb das er disen zweyen sonderlich / vnd mit geschwor
nem eyde verheyschen ist / dem Dauid Psalm. 131. dem
Abraham. Gene. 22.   B

Glos (Aram hat geborn) Sanct Mattheus lesset et=
liche glid aussen / vnd füret Christus geschlecht nach dē
gesetz. Aber S. Lucas füret es nach der natur von Na=
than Salomonis brüder / denn das gesetz nennet auch
die kinder so vonn brüdern / auß nachgelassem weib ge=
born sind / Deut. 25.   C

Glos (Ee dan sie) Verstehe mit ehelicher beywonüg. D

Glos (Berüchtigen) Also laut das Kriechische wört
lin / παραδειγματισαι. Aber im Latein stehet Tradu
cere / das heyst nit alleyn Berüchtigen / sonder auch von
eyner stell zur andern füren / als so eyner sein braut ne
met vnd heymfürt. Derhalben die alten verdeutscht ha=
ben / vnd wolt sie nicht nemen.   E

Glos (Erkennet sie) Hüt dich hie vor dem yrthumb
Heluidij / vnd lerne den rechten verstand von den Christ
lichen leerern.   A

Matthei.

wan auch ein sondere / vñ eine auß dē vier erzeugete ist.
Das IIII. Cap.

Glos(Er hat seine) Hie lest der teuffel die schrifft eins A
teyls auß / vnd nimpt alleyn was ym dienet / wie seine sö=
ne die Ketzer auch thün.

Glos (Thut büß) Merck das auch Iesus seine predige B
mit der büß angefangen / vnnd hüt dich vor allenn so die
büß verachten.

Das V. Cap.

Glos(Fridsamen) Im latein stehet Pacifici / das bedeut A
nicht allein die so den frid lieben / sonder auch alle die do
gern frid machen / vnd zum frid rathen vnd helffen.

Glos (thumbwirt) Das ist / wo der gelerten eyner zu B
eym Ketzer wirt / der kan von niemandt mehr gesaltzen
noch bedeut werden / sondern verstockt / vnnd wirt hin=
auß / das ist / auß der Christlichē kirchen geworffen / wie
Paulus sagt / eyn ketzer nach der ersten / oder andern er
manung soltu meyden.

Glos (Ewere güte werck) Hie merck / das die güten C
werck nit zuuerachten / sonder von Christo geboten sein.

Glos (Zürnet) Das verstehe nit von eym ye=zlichen
zorn der bald kommet / vnnd bald wider hinweg gehet. D
Sonder von zorn der lang im hertzen grollet / vnd eyn
gram vnnd haß darauß wirt / wie Cain zürnet mit sein
brüder Abel / von welchem auch Iohannes sagt / wer sein
brüder hasset / der ist eyn todtschleger. 1.Iohan 3.

Glos (Racha) Racha ist eyn stym vnnd anzeygung E
eyns bewegten zornigen gemütes.

A 2

77–80. E-1529F: Pages Showing the Conclusion of the Book of Revelation and the Beginning of the Section of
Glosses. (Yale-B)

Euangelion Matthei.

Das Erst Capittel. ✚ **Summa.** ✚

Von welchen voreltern Christus geborn/ vnd wie der vordacht von der Junckfrawen / dem Joseph / durch den Engel abgeleynt sei.

DAs bůch der geburt Je
A su Christi [des Sons Dauids / des sons Abrahams]
Abraham hat geborn Jsaac/
B Jsaac hat geborn Jacob/Ja
cob hat geborn Judam vnd
seine brůder / Judas hat ge-
born Phares vnd Zaram von der Thamar. Pha
res hat geborn Esrom/ Esrom hat geborn [Arã/
Aram hat geborn Aminadab/Aminadab hat ge
boren Naasson/Naasson hat geborn Salmon/]
Salmon hat geboren Boos võ der Rahab / Boos hat geborn Obed auß der Ruth/ Obed hat ge
born Jesse/Jesse hat geboren David den könig.
C David aber der könig hat geborn Salomõ auß
deren die Vrie gewesen ist/ Salomõ hat geboren
Roboam/Roboam hat geborn Abiam/ Abia hat
geborn Asa/Asa hat geborn Josaphat/Josaphat
hat geborn Joram / Joram hat geborn Osiam/
Osias hat geborn Joatham / Joatham hat geborn Achas/ Achas hat geborn Ezechiã/ Ezechias hat geborn Manassen/ Manasses hat geborn
Amon/Amon hat geborn Josiam/ Josias hat ge
born Jechoniam vnd seine brůder / in der Babilonischen gefencknis.

a

Euangeliũ Am tag der gburt. Marie. Glos in dẽ Anno. cap 1. C
Luther. (Der da ist eyn son Dauids des sons Abrahãs) An. 1. c. A
Die ersten xiiij.
Luther. (Hezrom Nahasson Salma) An. 1. c. B
Die andern xiiij. Gl. An. D

Euangelion

Die dritte xiiij.

Vnnd nach der Babilonischen gefencknis hat D
Jechonias geborn Salathiel / Salathiel hat geborn Zorobabel / Zorobabel hat geborn Abiud /
Abiud hat geborn Eliachim/Eliachim hat geboren Azor/ Azor hat geborn Sadoch / Sadoch hat
geborn Achim / Achim hat geborn Eliud / Eliud
hat geborn Eleazar / Eleazar hat geborn Ma-
than/ Mathan hat geborn Jacob/Jacob hat geborn Joseph den man Marie/ von welcher gebo
ren ist Jesus/der do genant wirt Christus.
Also sind der geburtẽ aller/von Abraham biß E
auff David viertzehen geliede/von David biß auf
die Babilonischen gefencknis viertzehen gelied/
von der Babilonischen gefencknis biß auff Chri
stum viertzehen gelied. Aber die geburt Christi
helt sich dermassen.
Als Maria die mutter Jesu dem Joseph ver F
trauwet war/ [Ehe dañ sie zůsamen kamẽ] ist sie
befunden schwanger von dem heyligenn Geyst/
Joseph aber / jr man / nach dem er gerecht was/
vñ sie nicht wolt [berüchtigẽ] gedacht er sie heim
lich zůuerlassen / Do er aber sölichs bei jm geda-
cht/sihe do erschine jm der Engel des Herren im
schlaff sprechent Joseph du sun david/förcht dich
nicht/zůnemen Mariam dein gemahel. Dañ das/
so in jr geboren/ist von dem heyligen geyst. Vnd
sie wirt geberen eyn sun / des namen solt du hey-
ssen Jesus/dañ er wirt selig machen/ sein volck võ
jren sünden.
Diß ist nu alles geschehen/damit erfult würde/ G
das/so gesagt ist von dem Herren/durch den Pro
pheten sprechẽd/Sihe ein junckfraw wirt im leib
haben vnd geberen eyn Sun/ vnd sein nam wirt
genent

Euangeliũ am Christ abent.
Gl. An. E
Luce. 1. I
Gl. An. F
Luce. 2. E
Jhesus ist auf teutsch so vil als eyn seligmacher.
Esa. 7.

Matthei. 2

genennet Emanuel / das so vil gesagt ist / als
Gott mit vns.
Z Da nun Joseph võ schlaff erwachte/thet er wie
jm d Engel des Herrẽ beuolhen het/Nam sein ge
mahel an/vñ [erkennet sie nicht/biß das sie gebar Gl. An. G
jrẽ erstgebornẽ sone] / vñ hieß seinẽ namẽ Jesus.

Das Ander Cap. ✚ **Summa.** ✚

Wie die künig oder weysen/zů dem new gebornẽ Christo kommẽ/ vnd wie die vnmündigen kindlein (als Christus in das elend zůg) von Herode getödt worden sein.

A DO nun Jesus geboren war zů Bethleem Ju
de/in dẽ tagẽ des königs Herodis/ Sihe/do
kamen die [weisen] von dem auffgang gen Hieru
salẽ/sprechend/Wo ist der/d da ist geborn/eyn kö
nig der Jůden? Dañ wir haben gesehen sein stern
im auffgang/vñ sein komen/jne anzůbetten.
B Da nun das höret der könig Herodes/ ward er
betrůbet/vnd mit im das gantz Hierusalem. Vnd
versamelte alle hohe priester vnd schrifftgelẽrtẽ
vnd dem volck/ vnd erforschete von jnen wo Chri
stus solte geborn werden/ Vnnd sie sagten im/zů
Bethleem Jude/Dañ also ist geschribẽ durch den
Propheten. Vnd du Bethleem/du erde Juda/bist
mit nichte die geringste/vnder den Fürstẽ Juda/
dann von dir wirt außgehen der Hertzog /der da
regieren sol mein volck Jsrael.
C Do vorderte Herodes die weisen heymlich vnd
erkündete fleissig von jnen die zeit des sterns der
jn erschinen were/vnnd weiset sie gen Bethleem/
vnd sprach / Zihet hyn vnnd forschet fleissig nach
dem kinde/vnd so jr das findet / so sagt mirß wi-
der/auff das ich auch kome/vnd es anbette.

a 2 Also sie

Euangeliũ An der hei gen drei künig tag.
Gl. An. B
Mich. 5.
Ioan. 7. H

81-84. E-1529F: Pages Showing Woodcut and Beginning of the Gospel of Matthew. *(Yale-B)*

Widereinander strebung Luthers Testamenten.

Euangelion

nem eyde verheischen ist / dem Dauid Psalm. 131. dem Abraham Gene. 22.

Glos (Aram hat geborn) Sant Mattheus lesset et=liche glid aussen/ vñ fůret Christus geschlecht nach dem gesetz. Aber S. Lucas fůret es nach der natur von Na=than Salomonis brůder/deñ das gesetz nennet auch die kinder so von brůdern / auß nachgelassem weib geborn sind/Deut. 25.

De andrn XIIII. Dauid aber der könig hat geb oz n Salomon auß deren die Vzie gewesen ist / Salomon hat geborn Roboam/Roboam hat gebozn Abiam/ Abia hat gebozn Asa / Asa hat gebozn Josa= phat/Josaphat hat gebozn Jozam/Jozam hat gebozn Osiam/Osias hat gebozn Joathā/Jo= atham hat gebozn Achas / Achas hat gebozn Ezechiā/Ezechias hat gebozn Manassen/Ma= nasses hat gbozn Amon/Amon hat gebozn Jo siam/Josias hat gebozn Jechoniam vnd seine Brůder/in der Babilonischen gefencknis .

Die dritte XIIII. Vnd nach der Babilonischen gefencknis hat Jechonias gebozn Salathiel / Salathiel hat gebozn Jozobabel/Jozobabel hat gebozn Abi= ud/Abiud hat gbozn Eliachim / Eliachim hat gebozn Asoz / Asoz hat gebozn Sadoch / Sa= doch hatt gebozn Achim / Achim hatt gebozn Eliud / Eliud hatt gebozn Eleazar / Eleazar hat gebozn Mathan/Mathan hat gebozn Ja= cob / Jacob hat gebozn Joseph den man Ma= rie / vonn welcher gebozn ist Jesus /der do ge= nant wirt Chzistus /

Also sind der geburten aller / von Abrahamē Biß auff Dauid vierzehen geliede / von Dauid biß auff

Euangelion Matthei.

Das Erst Capittel.   ✠ Summa. ✠

Von welchen voreltern Christus geborn / vnd wie der argwon vonn der Junckfrawē/ dem Joseph/durch den Engel abgeleynt sei.

As Bůch der geburt Jesu Ch= risti [des Sons Dauids / des so= ns Abzahamis] Abzahām hat ge= Bozn Jsaac/ Jsa= ac hat gbozn Ja cob / Jacob hatt gebozn Judā vñ seine bzůder / Ju das hatt gebozn Phares vñ Zaram von der Thamar. Phares hat gebozn Esrom/Esrom hat gebozn [Aram/ Aram hat gebozn Aminadab / Aminadab hat gebozn Naasson / Naasson hat gebozn Sal= mon/ Salmon hat gebozñ Boos von der Ra hab / Boos hat gebozn Obed auß der Ruth/ Obed hat gebozn Jesse / Jesse hat gebozn Da= uid den könig.

Glos(Des Sons Dauids/) Wiewol die nachgenañ tē alle Christus voreltern gewest/So wirt er doch hie allein genent/ eyn Son Dauids vnd Abrahams/ dar umb das er disen zweyen sonderlich/ vñ mit geschwoz

(margin right:) evāg. Am tag der gburt Marie. Luther. (Der da ist eyn son Dauids des sons Abrahās) An. 1. c. A Die ersten XIIII. Luther. (Herzom Nahasson Salma) An. 1. c. B

Matthei.   2

Biß auff die Babilonischen gefencknis vierze= hen gelied / von der Babilonischen gefencknis Biß auff Chzistum vierzehen gelied . Aber die geburt Chzisti helt sich der massen .

Als Maria de mutter Jesu dem Joseph vertrawet war / [Ehe dañ sie zůsamē kamen/] ist sie befunden schwanger von dem heyligenn Geyst/Joseph aber /jr man/nach dem er gerecht was/vnd sie nit wolt [berůchtigen/] gedacht er sie heimlich zůuerlassen / Do er aber sölichs bey jm gedacht /sihe do erschine jm der Engel des Herzen im schlaff sprechent/ Joseph du sun Dauid/förzcht dich nit / zůnemen Mariam dein gemahel. Dañ das/so in jr gebozē / ist von dem heyligen Geyst. Vnd sie wirt geberen eyn sun/ des namen solt du heysen Jesus/ dañ er wirt sie lig machen/sein volck von jren sunden .

(margin right:) evāg. am Christ abent. Luc. 1.I Luc. 2.E Jesus ist. uff teusch so vil als eyn selig= macher.

Glos(Ee dañ sie)Vstehe mit ehelicher beywonung.

Glos (Berůchtigen)Also laut das Kriechsche wört= lin/ παραδειγματίσαι. Aber im Latein stehet Tra= ducere / das heyst nit alleyn Berůchtigen/ sonder auch von eyner stel zůr andern fůren/als so eyner sein braut nemet vndheymfůrt.Derhalben die alten verteutscht haben/vnd wolt sie nit ne nen.

Diß ist nun alles geschehē/damit erfult wůr de/das/so gesagt ist von dem Herzē/ durch den Prophetē/sprechend / Sihe ein junckfraw wirt im leib haben vnd geberen eyn Sun/ vnnd sein nam wirt genennet Emanuel/das so vil gesagt ist/als Gott mit vns .

Da nu Joseph vom schlaff erwachte / thet er wie jm d’ Engel des Herzen bewolhē het / Nam *(margin right: Esa. 7.)*

a 3   sein ge=

85-88. E-1534F: Pages with Conclusion of the "Widereinanderstrebung" and Beginning of the Gospel of Matthew. *(ABS)*

❧ Das gantz New Testament: So durch den ❧

Hochgelerten L. Hieronymum Emser verteütscht / mitt sampt seinen zügefüg~
ten Summarien vnd Annotationen vber yeglichē capitel angezeigt / wie Mar~
tinus Lutther dem rechten Text (dem Huschischen exemplar nach) seins gefal~
lens / ab vnd zügethan / vnd verendert hab / Wie dan durch bitte etzlicher Fürsten
vnd Herren gescheen / das er wöl dem gemeynen volck zü nütz / das war
vnd recht Euangelion / am trück auß geen lassen.

❧ ❧ ❧

¶ Item ein new Register verordent vnd gemacht / vorstētlicher dan vor gewest.

O · FOELIX · COLONIA ·

Auch dem käuffer vnnd gemeynen man zü gütt sindt hynden an getrückt / die
Episteln auß dem alten Testament / die man in der Christlichen kirchen durchs Jar helt / wöl~
che dann der Emser in seyner Translation nicht bey gesetzt hat / da mit nicht eym jeglichen
not sey eyn gantze Bybel zü kauffen.

Anno M. CCCCC. XXIX. Am. XXIII. tag des Augstmonts.

89. **E-1529C:** Title-Page. (*U. Pittsb.*)

Euangelion Matthei.
Das Erste Capittell.

❧ Summa. ❧

Von welchen voreltern Christus
geborn/vñ wie d vordacht von der
Junckfrauwen dem Joseph/durch
dē Engell abgeleynt sey.

Das büch d geburt Jhesu Cristi [des sons Dauids/des sons Abrahams] Gloß. Wie wol die nachgenantē alle Christus voreldern geweßt/ So wirt er doch hie allein genēt ein son Dauids vndAbrahams·darüb das er disen zweyen sonderlich/vnd mitt geschwornem eyde verheischen ist/dem Dauid. Psalmo. cxxxj.dem Abrahā. Gene.xxij.

Abraham hat geborn
Isaac/Isaac hatt geborn
Jacob. Jacob hatt geborn
Judā vnd seine brüder. Ju
das hat geborn Phares vñ
Zaram von der Thamar.
Phares hatt geborn Esrō/
Esrom hat geborn[Aram/
Aram hat gaboren Amina
dab/Aminadab hatt gebo/
ren Naasson/Naasson hat
geborē Salmon/] Salmō
hat geboren Boos von der
Rahab/Boos hatt geborn
Obed auß der Ruth/Obed
hat geborn Jesse/ Jesse hat
geborn Dauid den künig.

☞ Euange
liuz am tag
der geburt
Marie.
Luce.3.J.
Lutther
Der da ist eyn
son Dauids/des
sons Abrahās.]
Suchs hinde in
dē 1.Annot.

Die Ersten
viiij.geliede.

Lutther
Zezrom Nahas
son/Salma.
2.Annot.

Dauid aber der künig hat geborn Salomon auß deren die Vrie geweßt
ist/Salomon hat geboren Roboam/Roboam hat geboren Abiam/Abia hat
geborn Asa/Asa hat geboren Josaphat/Josaphat hat geborn Joram.

Die Andern
viiij.geliede.

Gloß. Sanct Mattheus lesset etzliche gelid außen/vnd furet Christus geschlecht nach dem gesetz.
Aber S.Lucas furet es nach der natur von Nathan Salomons bruder/den das gesetz nennet auch die
kinder so von brüdern/auß nachgelassem weib geborn sint.Deut.xxv,

Joram hat geborn Osiam/Osias hat geborn Joatham/Joatham hat geborn
Achas/Achas hat geboren Ezechiam/Ezechias hat geborn Manassen/Ma/
nasses hat geborn Amon/Amon hat geboren Josiā/Josias hat geborn Jecho
niam vnd seine brüder/jnn der Babilonischen gefencknis.

Vnd nach der Babilonischē gefencknis hat Jechonias geborn Salathiel/
Salathiel hat geborn Zorobabel/Zorobabel hat geborn Abiud/Abiud hat ge
born Eliachim/Eliachi hat geborn Azor/Azor hat geborn Sadoch/Sadoch
hat geborn Achim/Achim hat geborn Eliud/Eliud hat geborn Eleazar/Ele/
azar hatt geborenn Mathan/Mathan hatt geborenn Jacob/Jacob hatt ge/
born Joseph den man Marie/von wölcher geborn ist Jhesus der do genant
wirt Christus.☞

Die Drittē
viiij.geliede.

Also sint die geburten aller/von Abraham bis auff Dauid viertzichen ge
liede/von Dauid bis auff die Babilonischen gefencknis viiij.geliede/vonn der
Babilonischen gefencknis auff Christum viiij.geliede.Aber die geburt Christi
helt sich dermassen.

A   Als Maria

90. E-1529C: Page with Beginning of Gospel of Matthew. (U.Pittsb.)

Euangelion

Vnd so jhr alleyne grüsset ewre brüder / was thut yr weyter / thun nicht das auch die heyden: Darumb so solt jhr volkommē seyn / wye ewer hymlischer vatter auch volkommen ist.

1. Annot. **Annota.** Hie laßt Luther abermaln des Euangelisten wort auß / vnd setzt die seinen an die stat / da er sagt / wo nu das saltz thumb wirt / was kan man damit saltzē? dan der Euāgelist spricht nicht / was kan man damit saltzen? sonder warin sol es dann gesaltzen werden / das ist wie die heilige vetter außlegen / wan die gelerten vnd geistlichen / die das volck mit yrer leer saltzen sollen / selber yrgeen / wer soll dan saltzen oder leren. **A**

2. Annot. In der gloß vber das wörtlein (aufflöset) do Lutther sagt. Also thut der Papisten hauff / sagen dise gebot Christi sein nicht gebot / sonder rathe / vorwundert mich / was Lutther für ein man sey / dz er oben in der vorred gesagt hat / wie das Euangelion kein gebot noch gesetz / sonder allein vorheyschung vnnd gute botschafft sey / vnd hie wil er eytel gebot darauß machen / der er doch selber keinshelt / dan welcher hat jhn (ich sag nicht an einen backen geschlagen) sonder allein mit eynem wörtlein angerürt / dem er so bald den andern auch dar gereicht / vnd nicht mit scheltworten hin nach geschlagen vn geworffen hab. **B**

Das .vj. Capittel. ❧Summa.❧

Von außwendigen wercken / als almüsen / gebet / vnd fasten / dartzu wie man die sorg der vorgencklichen güter / abstellen vnd vormeyden soll.

Ehet euch für / das jhr ewer gerechtigkeit nit thuet vor den menschē auff das jhr von yhnen gesehen / Sust werdet jhr keyn lohn haben bey ewrem vatter der jm hymel ist. Drumb so du almüsen gybest / soltu nicht lassen für dir posaunen / wie die heuchler thun jn yhren schulen vnd auff den gassen / auff das sie von den lewten geprcyset werden / warlich sag ich euch / sie haben yhren lon schon eyngenomen. Du aber wen du almüsen gibst / so laß deyne lincke hād nicht wissen / was die rechte thut / auff das dein almüsen verborgen sey / Vnd dein vatter. der jn das verborgen sihet / wirt dirs vergelten. ☞ **A**

Vñ so jhr bettet / solt jhr nicht seyn / wie die heuchler / die da gern stehen vnd beten jn den schülen / vnd an den ecken der gassen / auff das sie von den lewtenn gesehen werdet. Warlich / sag ich euch / sie haben yhren lohn schon empfangen. Du aber wen du betest / so gehe yn dein kemerleyn / vnd schleuß die thür zu / vnd bete zu deynem vatter verborgē / vnd dein vatter / der yn das verborgene sihet / wirt dirs vergelten. **B**

Wen jhr aber bettet / solt jr nicht vil geschwetz treiben / wie die heiden / den sie meynen sie werden erhöret / wen sie vil wort machen / darumb solt jhr euch yhn nicht geleychen / dan ewer vatter weyst / was euch von nöten ist / ehe dan jhr yhn bittet / darumb solt jhr also beten. **C**

Lucc. xj. A
Das Vatter vnser.
Anno.
Lutter
Vnser vat. lasset aussen d du bist. daglich brot / dē dein ist dz reich
Anno.
Marci. xj. D.

Vatter vnser / der du bist jn den hymmeln / gcheyliget werd dein name / zu komme dein reych / dein wille geschehe / als jn hymmel vnd auff erde. Vnser vberselbstendige brot gib vns hewth. **D**

Glos. Das ist die vber selbstendig wirckung des broths / Dan die leyplich natur hat ein selbstendig wesen / vnd kan doch on das naturlich selbstendig wessen des brots nit erhalten werden. Also auch get es zu / mit der vberselbstendigen natur / des leybes / vnd des brots.

vnd vergib vns vnsere schulde / als wir vergebē vnsern schuldigern / vnd nicht für vns yn versuchung / sunder erlöse vns von dem vbel / Amen.

Gloß. (Von dem vbel) Jm kriechischen text volget / Dan deyn ist das reich / vnd die krafft / vnd die herlicheyt / yn ewigkeyt / Amen.

Den so jhr vergebt den menschē jhre schulde / so wirt euch ewer hymelischer vatter auch vergeben / ewre missethatten. Wo jhr aber den menschē nicht vergebt / so wirt euch euwer vatter auch nicht vergeben ewre sünd.

Euāge.
Am escher / mitwochen.

☞ Wan jhr aber fastet / solt jhr nicht trawrich werden / wie die heuchler. **E**

Gloß. Fastet / Merck das Christus das fasten mit abthut / noch verachtet / wie die ketzer yzt thuen / sonder leret wie wir fasten sollen / das es Got augenem sey. also auch von dem gebet / almüsen / vnd andern guten wercken / welche vns Got alle belonen vnd vergelten wil.

Den sie verstellen jhre angesicht / auff das sie vor den lewten scheinen mit jhren fasten / Warlich sag ich euch / sie haben jhren lohn hingenomen. Du aber / so du fastest / so salbe dein hewpt / vnd wasch dein angesicht / auff das du nicht scheinest vor den lewthen mit deynen fasten / Sond vor deinem vatter / wölcher verborgē

Matthei. V

verbozgen ist/vnd dein vatter/d[o do in dz verbozgen sihet/wirt dirs vergeltē.

F Jhz solt euch nicht schetze samlen auff erden/da sie der rost vnnd die motten *Luc.12.f* fressen/vnd da die diebe nach graben vnd stelen . Samlet euch aber schetze im hymmel/da sie weder rost noch motten fressen/vnd da die diebe nicht nach gra= ben/noch stelen/deñ wo dein schatz/da ist auch dein hertz. ☜

G Das licht deines leybes ist dein auge/weñ nhu dein auge ein feltig ist/so wirt dein gantzer leyb liecht sein/weñ aber dein auge ein schalck ist/ so wirt dein gan= *Luc.11.f* tzer leyb finster sein. Wo nu das liecht/dz in dir ist/finsterniß ist/ wie groß wirt den die finsterniß an jhz selber sein?
Gloß [Dein auge] Das ist dein fursatz vnd meynunge.
[Ein schalck ist] Das ist/so du es gut fur gibst/vnd es doch felschlich meynest.

H Niemant kan zweyen herren dienen/dañ entweder/wirt er einen hassen/vnd den andern lieben/oder wirt einen vergut halten/vñ den andñ verachtenn/yhr mögt nicht Got dienen vnd dem Mammon. *Luc.16.e*
Gloß(Mammon) Dis wort bedeut böß gewonnen gut/vnnd reychthumb die man mit vnrecht er= witbt oder besitzt/Sust ist reychtumb Got nicht entgegen.

Darumb sag ich euch/sozget nicht für ewer leben was jhz essen werdet/auch ni cht für ewzen leyb / was jhz antziehen werdet/ Ist nicht das leben mehz dan die speyse/vnd der leyb mehz dan die kleydung?Sehet an die vögel der lufft/dann *Luc.12.g* sie nicht seen noch mehen/sie samlen auch nicht in die schwzen/vnd ewer hymli= scher vatter neeret sie/Seit jhz den nicht vil mehz dan sie? Wer ist doch vnter euch/der mit sein gedancken/seiner lenge ein elle tzusetzen möge.

I Vnd warumb sozget jhz für die kleydung?Schawet an die lilien auff dē feld wie sie wachssen?Sie erbeyten nicht/sie spinnen auch nicht. Noch sag ich euch/ das auch Salomon in aller seiner herlickeyt/nicht bekleidt gewesen ist/als der selbigen eins/So dan Got das graß auff dem feld also kleydet/das doch heut= te stehet vnd mozgen in den ofen gewozffen wirt. Wie vilmehz wirt er das euch thun/jhz klein glewbigen?

K Darumb solt jhz nicht sozgfeltig sein/vnd sagen/was werden wir essen/ oder was werden wir trincken/oder wo mit werden wir vns kleyden? Dan nach diß sem allen trachten die heydē. Aber ewer hymlischer vatter weyß das jhz des al= les bedürffet.Derhalben so suchet am ersten das reych Gottes/vnd sein gerech tigkeit/so werden euch diese ding alle zugewant.

L Darumb sozget nit für den andern mozgē deñ der mozgene tag/wirt für sich selber sozgen.Es ist gnug das ein jtzlicher tag sein eygen vbel hab.
Gloß(Sein eygen vbel)Das ist teglich not vnd arbeit: quelibet enim dies/vt quidam ait/nouā ad fert molestiam.

Anno. In dem sechsten capittel/vozkert Luther das teglich gebet vnd Vatter vnser an dzey oder *Anno.* vier stellen/dan erstlich kert er die ersten zwey wozt gleych vmb/vnd vordolmetscht sie nt cht wie im Euangelion stehet/vnd wir Tewtschen lenger dan tawsent jar gebetet habenn/Vatter vn= ser/sonder vnser vatter/da mit er allein allen dingen das hinder herfur kert.Zum andñ last er die wozt (der du bist)gar auß/wölche doch der Kriechen vnd Lateinisch text gleych lawten also mitbzingen. Zum dzitten vozwandelt er auch das woztlin panem super substantialem in quottidianum/das Lucas vnd nicht Mattheus gesetzt hat.Zum vierden thut er ein clausel azu/vnd hinzu/die vnser text nicht hat vnd bey vns nie in vbung gewest ist/nemlich dan dein ist das reych/die krafft/ vnd die heyligkeit in e= wigkeit/Amen. Wo bleybt aber hie der spzuch Moysi Deut. 4. Namlich das man dē wort Gottes ni= chtzit zu/noch abthon sol/ da mit er den Papisten so offt die ozen reibt? so er doch die wozt Christi in ey ner so kurtzen red/selber so offt verkert/verkurtzt/tzu vnd abgethan hat.

Das .vij.Capittel. ♣Summa.♣
Wie man nicht freuelich vzteylen/vnd wie man betthen soll/von der weytten vnd engen pfozten/fal schen propheten/vnd gleissnern/vnd dem klugen bawmeister.

A Jhz solt nicht richten/so werdet jhz auch nicht gerichtet. [yhz solt ni *Lu.6 f.Mar.4 c* cht verdāmē / so werdet jhz auch nicht verdāmet/]den mit wölcher *Lu.6.f* ley vzteil jhz richtet/werdet jhz gericht werden / vnnd mit waßerley **Luter** maß jhz messet/wirt euch gemessen werden/ Was sihest du aber ein lasset aussen Jhz stöpfflin in deins brüders auge/vnd wirst nicht gewar des balckenn soltnicht verdā= men so wert jhz in dey= auch nicht ver= dāmet. Anno.r.

Die Epistel zu den Roemern. CVII.

¶ Das argument vber die Epistell Pauli tzů den Römern.

JN dieser Epistell lobet Paulus erstlich denn glawben der Römer an Christum/wie der dan durch die gantze welt verkündigt vnd der massen auch an vns Dewtschen/komen ist/Der halben so sollen wir den Römischen glawben nicht verachten vmb der Römer bößheyt willen/Dan sie auch der selben tzeyt vol boßheyt/hoffart/neyd/vnd getzencks waren/verachten die getewfften Jüden/ vnd wolten besser seyn/ dann sie/ darumb das sie weltklüger/vnd mechtiger waren den die Jüden/ vnd das Got die Jüden gestrafft/vñ die Heyden angenomē het/herwidderumb rhōmē ten sich die Jüden/das sie das außerwelt volck gottes weren/mit welchem jhre vätter von mund zů mund gered hatten/vnd von Got geheyliget vnd gebene deyet worden/Diß getzenck vnd hoffertig trotze/straffet Paulus vñ sagt/das das heyl/weder von den Juden noch Heyden sonder vonn Christo/ vnnd auß seynē glawben herkom/beweyst daneben mechtiglich/das vns weder das alt ge setz noch auch der glawb Christi selig mach on die liebe/gute werck/ vnd creutzi gung vnd casteygung/des fleyschs sampt seynen gelüsten.

Das Erste Capittel ♣ Summa. ♣
Paulus ertzeyget sich als eyn liebhaber der Römer vnd ein lasser jhrer laster.

A

P Aulus ein knecht Jesu Cristi / beruffen zů eim Apostel/ vnd abgesun dert tzů predigen das Euangelionn Gottes/ Wölchs er zůuor verheyssen hat durch seyne Propheten/ jn der hey ligen schrifft/ von seynem Sone/ der jhm (dem fleysch nach) getzew get ist/auß dem samen Dauid [vñ den geist nach der ob heyliget/ tzů uor erweiset/ ein geweltiger Son gottes/auß der aufferstehung der tödten vnsers Herrn Jhesu Chri sti] durch wölchen wir entpfangen habē/gnad vñ das Apostel ampt tzů gehorsam des glawbens/ in al len volckern/ vmb seynes namens willen. Vnder wölchen auch jhr be ruffen seyt vō Jhesu Christo.☞]

Gloß.(Zůuor erweyset) Verstehe jnn den schrifften der Propheten/ vnd in dem gesetze Nam quod in latino hic legitur predestina tus doctorum sententia intelligitur pro decla ratus/ostensus seu indicatus / Vide Annos tationes Erasmi.

☞ Epistel
Am abent d geburt Chri sti.

Lutther
[vñ krefftiglich erweyset/ einenn Son gottisnach dem geyst d da heyliget / seyt d tzeyt er aufferstã den ist / von den tödtenn nemlich Jesus Christus vnser Herr t Annotatio.

B Allen den so tzu Rom sind/denn geliebten gottes/vnd beruffen heyligen.
C Gnad sey mit euch vñ fride/võ got dē vatter vñ vnserm Herren Jesu Cristo.
D Erstlich/danck ich ia meynem gott/durch JhesumChristum/ für euch alle/ darumb das ewer glawb jnn aller welt verkündiget wirt.Danni/ gott/ dem ich diene/jn meynem geyst/ vnnd dem Euangelio seynes Sones/ der ist meyn ge tzeuge/das ich ewer on vnderlaß gedencke/altzeit in meynem gebete/vnnd gott bitte/wie ich doch etwan durch eynicherley weyse ein glückselige reyß anstellen/
vnd

auſz dem alten Teſtament. CCXXVII

der toten ein opffer/gedenckende wol vnd geyſtlich von der wider aufferſteung.
Nun allein/er hoffte dem das die/die do gefallen waren wider aufferſtunden/ſo
würd es vbzig vñ eitel erſchen/ßübeten für die toten. Vnd ſo er dē merckct
das dieſe / die mit gütigkeyt die entſchlaffung genomen hetten / wür;
den haben die aller beſten widergelegten gnad . Heylig darumb
vnd heylſam iſt die gedechtniß für die totten ßübitten/ das
ſie von den ſünden auffgelöſet werden .

Getruckt vnd volendet in der loblichen ſtat Collen

durch Heronem Füchs/vnnd auffs new mit fleyß durchleßen vnnd cozrigirt
vonn dem wirdigen doctoz Johan Ditenberger . Mit verlag vnnd belo;
nung des Erſamen vnnd fürſichtigen bürgers Peter Quentel . Jm
Jaer nach Chziſti vnſers ſälichmachers geburt M. CCCCC.
XXIX. Am XXIII tag des Augſtmants.

94. **E-1529C**: Page Containing Colophon. *(U.Pittsb.)*

BI 85.32

⁊Das gantz neü testament

So durch den Hochgelerten L. Hierony:
mum Emser verteütscht/mit sampt seinen zugefügten Summa:
rien vnd Annotationen über yegklichem capitel angezeigt/ wie
Martinus Luther dem rechten Text (dem Hussischen ex:
emplar nach) seins gefallens/ab vnd zugethan/ vnnd ver:
endert hab/Wie dann durch bitt etzlicher Fürsten vnd
Herren geschehen/das er wöll dem gemeynen volck
zu nutz/das war vnnd recht Euangelion im
druck außgehen lassen.

In bum Frew Minory ad S. Annam Bamberga

℃ Item ein new Register verordent vnd gemacht/
verstenelicher dann vor geweßt.

Auch dem käuffer vnd gemeynen man zu güt sind hynden an ge:
truckt/die Episteln auß dem alten Testament/die man in der
Christlichen kirchen durchs jar helt/wölche dañ der Emser
in seiner translation nicht bey gesetzt hat/da mit nicht eim
yeglichen not sey ein gantze Bibel zu kauffen.

Getruckt zu Tübingen/Anno
M. D. XXXII.

Joannes Erkius von Manheim
Nürnberg . . . abortinar
ordinarius

Euangelion Matthei.

I

¶ Das Erst Capitel. ⸿ Summa. ⹁

Von welchen voreltern Christus geboren/vnd wie der verdacht von der Junckfrawen/dem
Joseph/durch den Engel abgeleinet sey.

Euan:
gelium am
tag der ge=
burt Ma=
rie.
Luce 3. J

A Das büch der geburt Jhesu Christi [des Sons Dauids / des
Sons Abrahams.]

Gloß. Wiewol die nachgenanten alle Christus voreltern geweft / so wir er
doch hie allein genennt ein Son Dauids vnd Abrahams/darumb das er disen
zweyen sonderlich/vnd mit geschwornem eyde verheissen ist/ Dem Dauid/
Psal. cxxxj. dem Abraham/Gen. xxij.

B Abraham hat geborn Jsaac/Jsaac hat geborn Jacob. Ja
cob hat geborn Judam vnd seine brüder. Judas hat geborn Phares vnd Za
ram võ der Thamar. Phares hat geborn Esrom. Esrom hat geborn [Aram.
Aram hat geboren Aminadab. Aminadab hat geborn Naasson. Naasson hat
geborn Salmon.] Salmon hat geborn Boos von der Rahab. Boos hat ge
boren Obed auß der Ruth. Obed hat geboren Jesse. Jesse hat geboren Dauid
den künig.

C Dauid aber der künig hat geborn Salomon auß deren die Vrie geweft ist.
Salomon hat geborn Roboam. Roboam hat geboren Abiam. Abia hat gebo
ren Asa. Asa hat geboren Josaphat. Josaphat hat geborn Joram.

Gloß. Sanct Mattheus lesset etliche gelid aussen/vnd füret Christus geschlecht nach dem gesetz.
Aber S. Lucas füret es nach der natur von Nathan Salomons brüder/den das gesetz nennet auch die
kinder so von brüdern auß nachgelassem weib geborn sind. Deut. xxv.

Joram hat geborn Osiam/Osias hat geborn Joatham. Joatham hat geborn
Achas. Achas hat geboren Ezechiam. Ezechias hat geborn Manassen. Ma
nasses hat geborn Amon. Amon hat geborn Josiam. Josias hat geborn Jecho
niam vnd seine brüder/in der Babilonischen gefengknuß.

D Vnd nach der Babilonischē gefengknuß hat Jechonias geborn Salathiel.
Salathiel hat geborn Zorobabel. Zorobabel hat geborn Abiud. Abiud hat ge
born Eliachim. Eliachim hat geborē Azor. Azor hat geborn Sadoch. Sadoch
hat geborn Achim. Achim hat geborn Eliud. Eliud hat geborn Eleazar. Ele
azar hat geboren Mathan. Mathan hat geboren Jacob. Jacob hat geboren
Joseph den man Marie/von wölicher geboren ist Jhesus/der do genant wirt
Christus.

E Also sind die geburten aller/von Abraham biß auff Dauid vierzehen gelid/
von Dauid biß auff die Babilonischen gefengknus vierzehen gelide/von der
Babilonischen gefengknus auff Christum vierzehen gelide. Aber die geburt
Christi helt sich dermassen.

F ¶ Als Maria die mütter Jhesu dem Joseph vertrauwet war/ehe dann
sie [zusamen kamen/]

Gloß. [Zusamen] Verstehe/mit ehelicher beywonung.

ist sie befunden schwanger von dem heyligen Geiste. Joseph aber jr man/nach
dem er gerecht was/vnd sie nicht wolt [berüchtigen/]

[Berüchtigen] Also laut das kriechisch wörtlein παραδειγματισαι/Aber im latein steet traduce
re/das heist nit allein berüchtigen/sonder auch von einer stell zur andern füren/also einer sein braut ne
met vnd heimfürt/derhalben die alten verdeutschet haben/Vnd wolt sie nicht nemen.

gedacht er sie heimlich zuuerlassen. Do er aber solichs bey jm gedacht/sihe do
erschine jm der Engel des Herren im schlaff/sprechende/Joseph du Son Da
uid/förchte dich nicht/zu nemen Mariam dein gemahel/Dañ das/so in jr ge
born/ist/von dem heyligen geyste. Vnd sie wirt geberen ein son/des namen solt
du heissen Jhesus/dañ er wirt selig machen sein volck von jren sünden.

G Diß ist nu alles geschehen/damit erfült wurde/das so gesagt ist von dem

A

Lutther.
Der da ist ein
Son Dauids/
des sons Abra=
hams] Süchs
hinden in der
1. Annot.

Die ersten
14. gelid.

Lutther.
Besrō/Nabas=
son/Salma.
2. Annot.

Die ande=
ren 14. gelid.

Die dritten
14. gelide.

Euan.
Am Christ=
abent.
Luce 1. J

Luce 2. E

Jhesus ist auff
teütsch souil als
ein seligmacher

96. E-1532T: Page with Beginning of Gospel of Matthew. (Harvard-H)

Euangelion

Esaie 7 Herren/durch den propheten sprechende/Sihe ein junckfraw wirt im leib haben vnd geberen ein Son/vnd sein nam wirdt genennet Emanuel/das so vil gesagt ist/als Got mit vns.

Da nu Joseph vom schlaff erwachte/thet er wie jm der Engel des Herren H bevolhen het/nam sein gemahel an/vnd erkennet sie nicht/

Gloß·Hüt dich hie vor dem irthüb Heluidij/vñ lern den rechten verstant von den christlichen lerern. biß das sie gebar jren erstgebornen sone/vnd hieß seinen namen Jhesus.

1·Annot· **Annota.** Im ersten eingang diß capitels/da Mattheus spricht (wie vnser vnd Erasmus translation lauten) Das ist das büch der geburt Jhesu Christi/des sons Dauids/des sons Abraham/Verdolmetschet Luther/Der do ist ein son Dauids des sons Abraham/damit er ein newen verstant des texts einfüren will/nemlich das Jhesus sey gewest ein son Dauids/vnd Dauid ein son Abrahams/Aber die alten heiligen vetter sprechen/das der Euangelist Christum nit allein ein son Dauids/sonder auch ein son Abrahams genent/vnd damit anzeigen haben wöll/das die verheissung/so disen zweyen von Christo geschehen (wie Luther am randt selber bekennt)durch dise geburt Christi erfült worden sey.

Volgent verkert Luther auch hie den alten vettern (auß welcher stam vnd linien Christus geborn)jre namen/vnd nent sie nicht wie vnser oder Erasmus/sonder wie sein Hussischer text laut/oder jm vil leicht eyn der ein alter Jud eingeblasen hat/damit er allein was newes auff die ban bring/vnd gemey nen man vor whene/das die kirch bißher geirret vnd sie nicht recht hab nennen können·

Es haben vns aber vnsere alten doctores/vnd zuuor auß der heylig Hieronymus/disen vnderscheid der namen/so auß mancherley gezung herfleüßt/auch nicht verborgen/vnd vor langest gelert/das dise vnnd ander Hebraische namen/anderst bey den Juden/anderst bey den Caldeern/anderst bey den Kriechen/vnd anderst bey vns Latinischen pronunciert vnd außgesprochen werden/darumb das der Juden punctierung/vnd der Kriechen vocal/im Latein zu weilen in vocal verwandelt werden/als das x in e/der punct sch vnd ander/yetzo in a/dañ in e oder o/rc·Darzü die vocal auch vnder jnen selber an einem ort anderst stimmen vnd lauten/dann an dem andern/wie diser vnderscheid auch bey den Schwaben vnnd den andern Teütschen bescheidenlich vermerckt wirdt. Derhalben ein ding ist/man schreib Salomen/oder Solomon/Bathsabe oder Bersabe/Seboth oder Sabaoth/Baal peor oder Beelphegor/Capharnaum oder Caphernaum/Gleich wie bey vns Heinrich oder Heintz/Claus oder Niclaus/Cuntz oder Cunrat/auch ein nam ist/wiewol einer mit andern/merern oder mindern büchsta ben dann der ander geschriben wirt.

❡ **Das Ander Capitel.** ❡ **Summa.**

Wie die künig oder Weysen zü dem new gebornen Christus kommen/vnd wie die vnmün digen kindlein (als Christus in das ellend zug)von Herode getödt worden sein.

Euang. An der heylige drey künig tag. Do nu Jhesus geborn war zu Bethleem Jude in den tagen des kü nigs Herodis/sihe/ do kamen die [Weysen] von dem auffgang gen Hierusalem/sprechende/Wo ist der/der da geborn/ein Kü nig der Juden? Dann wir haben gesehen sein stern im auffgang/ vnd sein komen/jne anzubeten.

Gloß·[Weysen]Bey den alten war weyß/künig/vnd Priester ein ding/dañ man kein künig noch Priester machte/er wer dañ weyß/Darüb werden durch die weisen hie verstanden die H·drey künig·

Do nu das höret der künig Herodes/ward er betrübt/vñ mit jm das gantz B Hierusalem/Vnd versamelte alle hohe priester vnd schrifftgelerten vnder dem volck/vnd er forschete von jnen/wo Christus solt geborn werden. Vnd sie sagten Michee 5 jm zu Bethleem Jude/ Dañ also ist geschriben durch den propheten/ Vnd du Johan·7· Bethleem/du erde Juda/bist mit nichte die geringst vnder den Fürsten Juda dañ von dir wirt außgehen der Hertzog/der da regiren soll mein volck Jsrael.

Do forderte Herodes die Weysen heymlich/vnd erkündete fleissig von jnen C die zeit des sterns/der jn erschinen wer/vnd weiset sie gen Bethleem/vñ sprach Ziehet hin/vnd forschet fleissig nach dem kinde/Vnd so jr das findet/so saget mirs wider/auff das jch auch kome/vnd es anbete.

Als sie nu den künig gehört/zogen sie hin/Vnd sihe/der stern den sie im mor D genland gesehen hetten/gieng vor jn hin/bis das er kam vnd stunde oben über/ da das kind war.

Do sie

Matthei.

E Do sie nun den stern sahen/wurden sie hoch erfrewet/vñ giengen in das hauß vnd funden das kindt mit Maria seiner mutter/vielen nider/vñ beteten es an. **Psal·71**
Vnd thetten jre schetz auff/vnd legeten jm geschenck für/gold/weyrach/vnd myrrhen. Vnd nach dem sie vnderricht im schlaff empfangen hetten/das sie nicht solten wider zu Herodes kommen/zogen sie durch ein andern weg wider heim in jr landt.

F Do sie nun hinweg waren/Sihe/ Do erschine der Engel des Herren **Euang.**
dem Joseph im schlaff/vnd sprach/Stehe auff/vnd nim das kindlin vnnd sein **Am Kindel**
mutter/vnd fleuch in Egypten landt/vnd bleib alda/biß ich dir sage. Dañ es **tag.**
ist vorhanden/das Herodes das kindlin suche dasselb vmbzubringen. Vnd er stünd auff/vnd nam das kindlin vnd sein mutter/bey der nacht/vnd entweich in Egypten/vnd blib alda/biß nach dem tod Herodis/auff das erfüllet wurd/ **Osee11**
das der Herr durch den Propheten gesagt/der da spricht/Auß Egypten hab **Num·24**
ich beruffen meinen Sone.

G Do nu Herodes sahe/das er von den Weysen betrogen/ward er seer zornig/ vnd schicket auß/vnd liesse tödten alle kinder zu Bethleem/vnd an jr gantzen gegend/die do zweyierig vnd drunder waren/nach der zeit die er von den Wey- **Jere·31**
sen erkündet het. Do ist erfüllet/das da gesagt ist durch den Propheten Jere- **Luther.**
miam/der da spricht/Ein stym ist gehört auff der höhe/vil weynens vnd heü- **Dañ es was**
lens/Rachel beweinet jre kinder/vñ wolt sich nicht trösten lassen/das sie nicht **auß mit jnen.**
sein. **Annot.**

H Da aber Herodes gestorben war/Sihe/da erschine der Engel des her- **Euang.**
ren Joseph im schlaff in Egypten landt/vnd sprach zu jm/Stehe auff/vnnd **An der heili**
nym das kindt vnd sein mutter/vnd ziehe hin in das landt Jsrael/Dañ sie sind **gen drey kö-**
gestorben/die dem kind nach dem leben trachteten. Vnd er stünd auff/vñ nam **nig abent.**
das kindlin/vnd sein mutter/vnnd kam in das lande Jsrael. Do er aber höret/ dz Archilaus im Judischen land regieret an stat seins vatters Herodis/forch- te er sich dohin zu kommen/Vnd wie er im schlaff erinnert war/zog er in die or- ter des Galileischen landes/vnd kam vnd wonet in der Stadt/die do heysset **Judi·13**
Nazareth/auff das erfüllet wurd/das do gesagt ist durch die propheten/das er Nazarenus soll genant werden.
Gloß. [Nazarenus] Das ist souil als heylig.

Annota. In disem Capitel/so der Euangelist auß dem Propheten Jeremia erzelt/wie sich **Annot·1**
Rachel nicht wöl trösten lassen/volgt die vrsach im text hernach/scilicet quia nõ sunt/ Oder/als Erasmus auß dem Kriechischen text transferiert hat/quod non sint/zu teütsch/das sie nicht sind/Welches Luther dulmetschet/dañ es war auß mit jnen. Damit er nicht allein den büchstaben ge walt thut/sonder auch den geistlichen syñ/so darunter verborgen ligt/gantz verkert/Dañ dem geistli- chen verstandt nach/bedeüt Rachel die Christlichen kirchen/welche/ob sie gleich betrübt/vnnd beklaget jre kinder/weñ sie hie veruolget oder getödt werden/noch leßt sie sich nicht also trösten/das es darumb gar mit in auß sey/wie Luther verteütscht hat/Sonder weiß wol/ob sie gleich hie auff erden nicht mer sind/das sie dort bey Got sein/Vnnd alle die so hie vmb Gottes willen veruolget oder getödt werden/ für das zergengklich leben das ewig empfahen. Das aber diß die meinung sey des propheten/bezeiigt Luther selber in der anhangenden gloß/da er spricht/wiewol sich die Christenheit allwegen ansehen laß/als ob es auß sey mit ir/so werd sie doch von Got mechtigklich erhalten.

 Das Drit Capitel. Summa.
Von dem leben/Tauff/vnd Predig Joannis/Auch wie der getaufft Christus von Got gelobt worden ist.

A   N denselbigen tagen kam Johannes der teuffer/vnd predi- **Marci·1·A**
get in der wüste des Judischen landes/sprechend/[Thut büß] **Luce·3·A**
dann das hymelreich nahet sich/ **Johan·1·f**
Gloß/ [Thut büß] Merck disen anfang der predig Johannis/das wir **Jsaie·40**
von allererst büß thun müssen/Vnd hüt dich vor den ketzern/so die Büß vnnd **Marci·1·A**
Beycht verachten· **Luther.**
Bessert euch.

A ij

98. E-1532T: Continuation of Gospel of Matthew. *(Harvard-H)*

99. **D-1534**: Title-Page. (From Hermann Wedewer, *Dr. Johannes Dietenberger*, Tafel III)

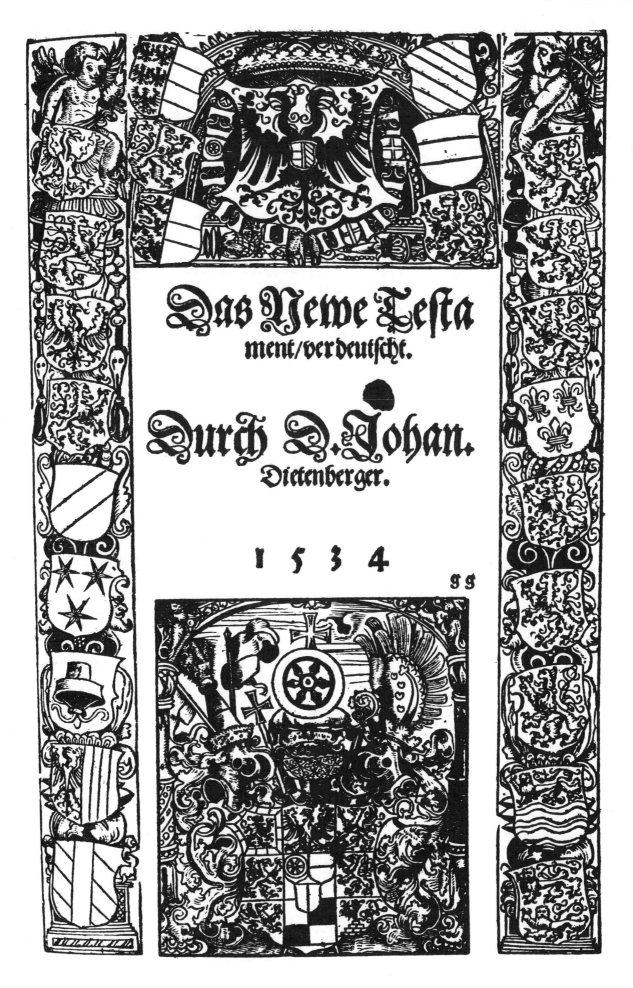

100. **D-1534**: New-Testament Title-Page. *(ABS)*

Da sprachen die Juden zu jm/Nun erkennen wir das du den teuffel hast. Abraham ist gestorben/vnd die propheten/vnd du sprichst/so jemandt mein wort helt/der wirt den todt nit schmecken ewiglich/Bistu den mehr den vnser vatter Abraham/welcher gestorbe ist. Vnd die propheten seind gestorben/ Was machestu aus dir selbs?

Jesus antwort. So ich mich selber ehre/so **F** ist mein ehre nichts / Es ist mein vatter / der mich ehret/welchen jr sprecht er sey ewer Gott vnd kennet jn nit / Ich aber kenne jn/vnnd so ich würde sagen/ich kenne jn nit /so würde ich ein lügner/gleich wie jr seyt/Aber ich kenne jn/ vn halte seine wort.

Abraham ewer vatter wardt fro/ das er meinen tag sehen solt/vnd er sahe jn/vnd frewet sich. Do sprachen die Jude zu jm/Du bist noch nit fünfftzig iar alt/vnd hast Abraham gesehen? Jesus sprach zu jnen. Warlich warlich sag ich euch/ehe denn Abraham war/bin ich / Do huben sie stein auff/ das sie auff jn würffen. Aber Jesus verbarg sich/vnd gieng zum tempel hinaß.

¶Annotationes.

†1 ¶Do die Juden Christum fragten/wer bistu den? vnd Christus antwort/principium qui et loquor vobis / haben die Elimasiter in jren Biblien auß jren Hussische exemplar/ eben das/das ich mit euch rede / dann weder der kriichisch noch vnser text sagt eben das/sonder wie gehört ist principium / als wolt er sprechen (vt Chrisosto ait) jr solt mich halten für den anfang/ oder ich bin der anfang/auß welchem alle ding auffgangen/durch welchen alle ding jr wesen haben/vnd in welchem alle ding geschaffen sein/ vnnd mit Chrisostomo concordirn Cyrillus vnnd Augustinus nach welcher aller meinung Christus mit dem wörtlin principium jnen angezeigt hat sein Gottheit/vnd mit den wörtlin/qui et loquor vobis/seine menscheit.

†2 ¶(halten) merck abermalß wie hochlich die guten werck bey Gott sein angesehe/do er spricht/So jemand meine wort daß er durch den glauben zu hertzen gefasset hat/würt halten mit der that vnnd in wercken/der wirt den todt nit sehen ewiglich/Welcher diser verheisung wil versichert sein/ der tröst sich nit deß blossen wercklosen glaubes/sonder beweise seinen glauben in wercken so wirt er ewiglich nit sterben.

Das IX. Capitel.

¶ Wie Christus dem blindt gebornen das gesicht geben/vnnd wie der selbig ein disputation mit den Juden gehalten hat

 Vnd als Jesus für vber gieng/ sahe er einen blinden der blindt geboren war/vnnd seine jünger fragten jn vnnd sprachen/Meister wer hat gesündigt? Diser oder seine eltern / das er ist blindt geboren? **1†** Jhesus antwort. Es hat weder diser gesündigt† noch seine eltern /sonder das die werck Gottes offenbar würden an jm.

Ich mus wircken die werck/des/der mich gesandt hat/so lang es tag ist. Es kompt die nacht/do niemands wircken kan. Die weil ich

bin in der welt/bin ich das liecht der welt.

Do er solchs gesagt/speützet er auff die erden/vnd machet ein kot auß dem speychel/ vnd schmiret den kott auff des blinden augen/ vnd sprach zu jm.   Gehe hin zu dem schwemteich Siloe (das ist verdolmetscht gesandt) vnnd wasche dich. Do gieng er hin vnnd wusch sich/ vnd kam sehen. Do sprachen die nachpaurn vnd die jn zuuor gesehen hatten/das er ein beteler war/ Ist diser nit/der do saß vnd bettelt? Die andern sprachen/er ists/die andern aber er ists nit/sonder ist jm ehnlich? Er selbs aber sprach/ ich bins. Do sprachen sie zu jm/ Wie seind dir die augen auffgethan? Er antwort vn sprach.Der mensch der Jhesus heist/machet ein kott vn schmiret mein augen/vn sprach/ Gehe hin zu dem schwemteich Siloe / vnnd wasche dich/vnd ich bin hingangen/hab mich gewaschen/ vn bin sehend worden. Do sprachen sie zu jm/Wo ist der selbige? Er sprach Ich weiß nit.

Da füreten sie jn zu den Phariseern /der **B** blind gewesen war/Es war aber Sabath/ da Jesus den kott macher/vnd öffnet seine augen. Da fragten sie jn abermals/auch die phariseer / wie er were sehendt worden. Er aber sprach zu jnen / Ein kott legt er mir auff die augen/vn ich wusch mich/vn bin nun sehend/ Da sprache etliche der phariseer /Diser mensch ist nit von Gott/der da den Sabbath nit helt/ Die andern aber sprache/Wie kan ein sündiger mensch solche zeichen thun? Vnd es war ein zweitracht vnter jnen/Darumb sprachen sie wider zu dem blinden/Was sagst du von dem der dir dein augen auffgethan hat? Er aber sprach/Es ist ein prophet.

Die Juden glaubten nit von jm/ das er blindt gewesen vnd sehend worden were / biß das sie rieffen den Eltern/des/der sehend worden war/vn sprache/ Ist das ewer son/welchen jr saget er sey blind geboren? Wie ist er den nu sehend? Seine eltern antworten vn sprachen/Wir wissen/das diser vnser son ist/vn das er blind geborn ist/wie er aber nun sehend ist/ wissen wir nit/oder wer jm hat sein augen auffgethan/wissen wir auch nit/Er ist alt gnug/ fraget jn/vn last jn für sich selbs reden. Solchs sagten seine eltern / denn sie forchten sich für den juden/denn die jüden hatten sich jtzt schon vereinet/so jemants jn für Christum bekennet/ der solte auß der Synagog geworffen werde/ darumb sprache seine eltern.Er ist alt gnug/ fraget jn selber.

Do rieffen sie zum andern mal den menschen/der blind gewesen war/vnnd sprachen/ **C** Gib Gott die ehre/Wir wissen das diser mesch ein sünder ist. Er antwort vnd sprach/ Ist er ein sünder / das weiß ich nit. Eines weiß ich wol

Getruckt inn der Ertz bischofflichenn Stadt Meintz/bey Peter Jordan/Inn kosten vnd verlegung/des Erßamen vnnd Achtbaren Herren Peter Qentels/Burger vnd Büchtruckher zů Köllen. Vnd seliglich volender/am siben vnd zwentzigsten tag des Brachmonats. Nach Christi vnsers lieben Herrn vnd Seligmachers gebürt/ Im Fünfftzehenhundertsten vnd vier vnnd dreyssigsten Jare.

¶ Gott dem Allmechtigen sey Lob/Ehre/vnd Preyß/immer vnd ewiglich

101 (*Preceding Page*). **D-1534:** Page from Gospel of John. (*ABS*)

102 (*Above*). **D-1534:** Colophon Page. (*ABS*)

103. Eck-1537: Title-Page. (Cath.U.)

Erschöpfung der welt   Genesis   Beresith   I

Das Erst Capitel.
Die erschaffung der welt.

A
Heb. 11.
a.
Psalm.
88.b.
Hie.10.
b.

 **Im anfang hat**
GOTT geschaffen hi=
mel vñ erd: vnd die erd
war eitel vnd lär: vnd
die finsternis was auf
dem angesicht ð tiefe:
vnd ð gaist GOTTes
schwebt auf den waf=
fern.

Vnd GOTT sprach. Es werde das
liecht: vnd das liecht ist worden: vñ GOT
sahe das liecht/ das gût was: vnd hat ge=
schidē das liecht von der finsternus / vnd
nant das liecht / tag: vnd die finsternus /
nacht: vnd ist worden abent vñ morgen /
ain tag.

Vnd GOTT sprach. Es werde dz fir=
mament in mitte der wassern: vñ schaide
die wasser von wassern: vnd GOTT ma=
chet das firmament: vñ schid die wasser /
die da waren vnder dem firmament / von
denen die da waren ob dem firmament:
vnd es ist also geschehen: vnd GOTT
nent das firmament / himel: vñ es ist wor
den abent / vnd morgen der ander tag.

Vnd GOTT sprach. Die wasser die
vnder dem himel seind / werden gesamlet
in ain ort: vnd werd gesehen die trückne:
vnd es ist also geschehē: vnd GOTT nen=
net die trückne / erde / vnd die samlũg der
wasser nennet er móre: vnd GOTT hat
gesehen / das es gût was: vnd sprach. Die
erde bringe grün kraut vnd das samen
trag / vnd obs tragend holtz / die frucht
bringend nach ihr geschlecht: des samē sei
in jhm selbs auf erden: vnd es ist also ge=
schehen: Vnd die erde hat bracht grün
kraut / das samen macht nach seiner art /
vnd bäum die frucht brachtē / vnd ein je=
der het samen nach seiner art: vñ GOTT
sahe das gût was: vnd ist worden abent
vnd morgen der dritt tag.

Vnd GOTT sprach. Es werden liech= Psalm.
ter im firmament des himels: vnd schai= 135.a.
dend tag vnd nacht: vnd seien in zaichen
vnd in zeiten / vnd in tägen vnd in jaren /
das sie leüchtē im firmament des himels /
vnd sie erleüchten die erden: vñ es ist also
geschehē: vnd GOTT macht zwai gros=
se liechter (das grósser liecht / dz vor wär
dem tag: vnd das klainer liecht / das vor
wär der nacht) vnd sternen: vñ GOTT
hat gesehen / das gût was: vnd ist wordē
abent vnd morgen der viert tag.

Es sprach auch GOTT. Die wasser
bringent her für das kriechend ainer lebē=
digen seel / vnd das gflügel auf erden vn= C
der dem firmament des himels: vnnd
GOTT hat erschaffen groß Walfisch /
vnd alle lebendige seel vñ beweglich / wel=
che die wasser fürbrachten / nach jhrē ge=
stalten / vnd jedes gflügel nach seinem ge=
schlecht: vnd GOTT sahe das gût was /
a   vnd

Die offenbarung

mit knecht / vnd deiner brüder der prophe
ten / vnd deren / die da halten die wort di／
ser weissagung / Bet Got an.

C Vnd er sprach zů mir / Zaig nit an die
" wort der weissagung in disem bůch dan
" die zeit ist nah / Wer beleidiget / der belai／
Merck dige fürter / vñ wer besudelt ist / der besu／
für die del sich weiter / vñ wer rechtfertig ist / der
werck. rechtfertige sich fürter / vnd wer hailig
Esz.41.b ist / der hailige sich noch mer. Sih ich kum
et. 44. a. bald / vnd mein lon mit mir / zů geben ai／
Sup.1.b nem ietlichen nach seinen wercke / Jch bin
et.21. b. das A vnd das O / der anfang / vnd das
end / der erst vnd der letzt. Selig sint / die
da wäschen jhre klaider in dem blůt des
lämleins / auf das jhr macht sei an dem
holtz des lebens / vñ das sie durch die thür
Ketzer eingan in die stadt / Dan haussen sindt
merck. die hund / vnd die zauberer / vñ die vnrai／
nē: vñ die todschläger / vñ die abgöttischē:
vnd all die lieb haben vnd thůn die lugen.

Jch IHESVS hab gesandt mein Eña
gel / sölchs euch zů zaigen in den kirchen /
Jch bin die wurtzel vnd das geschlecht Christus
Dauids / ain klarer morgen stern / Vnd Esa. 55.
der gaist vnd die brawt sprach / Kum / vñ a
wer es hört / der sprech / kum / vnd wen
dürst der kum / vnd wer da will / der nem
das wasser des lebens vm sunst.

Jch bezeüg aber allen / die do hören die D
wort der weissagung in disem bůch / so ie／
mandt darzů setzt / so würdt Gott zů setzē
auf jhm die plage / so die in disem bůch ge／
schriben stan. Vñ so iemandt dauon thůt
võ den wort des bůchs diser weissagůg / Gschrift
so würdt Gott abthůn sein tail von dem nit min-
bůch des lebens vñ von der hailigē stadt / dern od
vñ von dem das in disem bůch geschriben meren.
stat. Es spricht der solchs zeügt / ja ich
kum bald / Amen / ja kum her IHESV.
Die gnad vnsers Herrn IHESV Christi
sei mit euch allen / A M E N.

Das ende der offenbarung Johannis des
Euangelisten vnd Theologi.

An Christlichen gůtwilli-
gen vnd recht behertzten leser.

L Ob / ehr / kraft / weißhait / preiß / benedeiung / stärcke / klarhait / vnd
dancksagung / sei dem almächtigen lebendigen GOTT / von ewigkait zů
ewigkait: durch wölchs grosse barmhertzige gnad / der Bybel vteüschung
von anfang des alten Testaments geendt ist / vnd das new Testament
Emsers säligen / auf vnser teütsch gezogen: Doch verwunder dich nit / ob
etwa gantze wort des Emsers außgelassen / oder verendert sindt: dan nichts
grössers acht ich dan die autoritet der Christlichen kirchen: darum ich der
Bybel von der selbigen angenumen / nach geuolgt: was Emser auß
des Erasmi translation verwandelt oder geändert / wa ich das
vermärckt. Hab ichs außgeworfen: dan ain Christ soll der
kirchen Bybel glauben / nit jhenem oder disem / dan sie
nach Christo wie Paulus sagt ist ain saul vnd be／
stätung der warhait. Säligklich geendt
durch Görg krapffen Bůchfierers
von Jngoldstat kosten
vnd verlegung.
Als Kaiser Carle der .V. von Oste／
reich dz Römisch reich / mit samt Ferdinãdo
seinē brůder / Römisch / zů Hungern vnd Böhem
Künig / säligklich / sighaft / vnd hohehrlich regiert
Anno. M. D. rrrvij. Jm andern tag Junij.

105. Eck-1537: Page Concluding the Book of Revelation and Containing the Colophon. *(Cath. U.)*

Die Epistel Sant Pauls
zu denen von Laodicia.

Aulus ain apostel/nit von menschen/noch durch ain menschen/sunder durch IHESVM Christū/den brüdern die sint zů Laodicia. Gnad sei euch vñ frid von GOTT vnserm vater/vnd vom herren IHESV Christo. Ich sage danck Christo in allem meinem gebät/das jhr bestendig seit vnd verharrend in gůten wercken/vnd wartend auf die verhaissung am tag des gerichts. Nit soll euch betrieben etlicher üppig geschwetz/die verdächtlich machen wöllen die warhait: darmit sie euch abwanté von der warhait des Euangeli/das von mir gepredigt würdt: Vnd ietz wurdt GOTT machen/das welche auß mir sint/das sie volkummenlich dienend der warhait des Euangeli/vnd thůnd gůte werck/die sint des hailß des ewigen leben.

Vnd ietz sint meine band offenbar/die ich leid in Christo: in welchen ich frölich bin vnd mich frew/dan diß ist mir zů ewigen hail/das geschähen ist durch ewer bät/mit würckung des hailigen gaist: Es sei durch das leben oder durch den tod: das leben ist mir ain leben in Christo/vnd sterben ain freüd: Vnd er würdt machen in euch sein barmhertzigkait/auf das jhr eben die selbig liebe haben/vnd seit ainmůtig.

Darum jhr allerliebstē/wie jhr gehört habt die gegenwürtigkait des hertze ʼalso seit gesint/vnd thůr in der forcht/so würd ewer dz leben sein in ewigkait: dan GOTT ist der in euch würckt: Vnd thůt on sünd alles das jhr thůt: Vnd jhr allerliebsten/das da ist das aller best/freiwen euch in dem hertzen IHESV Christo: vnd hüten euch vor allem Kat in allem gwin: All ewer bie seien offenbar vor GOTT: vnd bleiben steif im verstand Christi: Vnd thůt was redlich/vnd war/vnd schamhaftig/vñ keüsch/vnd gerecht vnd holdsälig ist: Vnd was jhr gehört vnd entpfangen habt/das behalten jm hertzen/so würdt euch frid sein. Grüssent all brüder jm hailigen kuß. Es grüssend euch all hailigen: die gnad vnsers herren IHESV Christi sei mit ewerm gaist/
A M E N.

Machend das dise gelesen werd den Colossern/vnd euch werd gelesen der Colosser Epistel.
Finis.
Ende des dritten Bůch der Machabeer/
vnd der Epistel zů den Laodi-
censern durch Doctor Jo-
han Ecken protonota-
rien vnd Inqui-
sitor.

106. Eck-1537: Page with Epistle to the Laodiceans. *(Cath.U.)*

Quis iacet hic? Emser: Christo sacer: arma Luthero]
Qui intulit inuictus: fortis athleta dei.
Ecclesie partes multo certamine sudans
Assæuit. Constans: Peruigil: Acer: erat.

Hieronymo Emsero: in tota artium Cyclopædia præ
clarissimo præsbitero: sacrosanctæ Romane ecclíæ fideiqz
Catholicé (grassante Lutheri pestilentissima hæresi) fideli
infracto. Hectoreoqz propugnatori: Hieronymus Walte
rus totus gemebundus: monumentú hoc cósecrauit. Por
ro extremum diem: Anno ætatis suæ Quinquagesimo: in
Christo Jesu clausit: Carolo quinto imperante: Pótifice
Clemete septimo: Rome capto: Deniqz longe omniú Chri
stianissimo Duce Georgió: Saxoniam: Misnam: Thu
ringiam (quantú ad suú imperiú attinet) Christianissime
gubernante: Octauo Nouembris. Anno a Christo nato.
M. D. XXVII.

weygert werde/ vnde sick eyn isliken framen Christe
e dat warhafftige vnde rechtgeschapen wort Ba
des holden/ vnde Luthers vnde der anderen Ketter
vorkortede vthlegginge/ glosen vnde düdinge/ deste
beth erkenen/ vn sick dar vor bewaren mögen. Des
don vns ock de vnseren/ so dyt rechtuerdige nye Te
stament/ vn warhafftige wort Bades gehorsamlick
annemen vnde lesen werden/ so vele gröter gefallen
in gnaden vn allem guden to erkenen/ so vele gröter
nuth vn frame to erer selen salicheit/ se vnsers vor
höpens dar vth vorkrigen werden. dar auer gemelte
beteringe vnd rechtferdynge/ van den Kettere nicht
so brade am anbegynne dorch falsche nadruck vor
kortet edder vorandert werde: Bene wy gemeltem Li
centiaten Emser düsse frygheit vn priuilegium/ dat
em de/ in den negesten twen nafolzhenden jaren/ na
dato düsses vnses apenen breues/ in vnseren landen
geheden vnde Furstendumen nument nhadrücken/
noch vp des gelick derhaluen gedrücket würpe/ dar
inne feyll dragen noch vorkope schöllen/ sünder sine
gunst weten vnde wyllen/ by pene vn vorlust/ twe
hundert Rynsscher gülden/ welker eyn isliker auer
treder/ vns de helffte in vnser kamern/ vnde de an
deren helffte in des bauen gemelten Licentiaten Em
ser/ to beloninge syner möye vnde arbeit/ to betalen
vnde antworden schüldich syn schal. Dar nha wete
syck eyn jewelcker to richten/ vnde vor schaden tobe
waren. Begheuen in vnßer Furstliken Stadt/ vnde
hoffleger Dreßden des ersten dages Augusti
Na Christi vnßes heren gebort. Dusent/
vyffhundert vnde im xxvij. Jare.

Apostele. Ca. xxviij Fo. CS Alust
hören/ Unde do do idt de Jöden hörde/ vnde he
sulckes redede/ gyngen se hen vnde hadden ene
groten kyff manck syck suluest.
Paulus querst bleff twe gantze jar in syne
erven waninge/ vnde nham vp alle de to
ehm in qwemen predykede dat ryke
Bades/ vnde lerede van deme
heren Jesu myth aller
vortruwynge ane
vorbedynge

Finis.

107–110. **Pages from the Rostock Low-German New Testament:** 107, Title-Page; 108, Concluding Page of
Foreword; 109, Emserian Epitaph; 110, Final Page (at End of Acts of the Apostles). *(U. Chi.)*

Das nüw Testamet kurtz

vnd grüntlich in ein ordnung vnd text/die vier Euangelisten/mit schönen figur
en durch auß gefürt Sampt den anderen Apostolen. Vnd in der keiserlichen stat speier
volendet durch Jacobum Beringer Leuiten. In dem iar deß heiligen reichtags. 1526.

Gib vns heut vnser teglich brot.m. 6.lu.11. Her gib vns alwege sölchs brot des lebes.io.6.
Cum Priuilegio.

111. Beringer New Testament: Title-Page. *(HEHL)*

Nun merck was liebe gottes sey. Der Babilonische mörderey.
Der vns alsampt hat gemacht frey. Wie die figur anzeigt darbey.
Vnd erlediget die seinen. Ir grosser bracht mit irem Hoffgsindt.
Von dem grossen gwalt vnd peinen. Zur Hellen sie faren geschwind.

112. **Beringer New Testament:** Page Showing a Woodcut to the Apocalypse. *(HEHL)*